JEAN RUINAT DE GOURNIER

AMOUR

DE PHILOSOPHE

BERNARDIN DE SAINT-PIERRE
ET FÉLICITÉ DIDOT

Ouvrage contenant 8 gravures hors texte.

PARIS

LIBRAIRIE HACHETTE ET Cⁱᵉ

79, BOULEVARD SAINT-GERMAIN, 79

1905

AMOUR

DE PHILOSOPHE

COULOMMIERS

Imprimerie Paul BRODARD.

PORTRAIT DE FÉLICITÉ DIDOT
Tiré d'un tableau de Marchais
(*Appartient à la famille Gélis*)

JEAN RUINAT DE GOURNIER

AMOUR

DE PHILOSOPHE

BERNARDIN DE SAINT-PIERRE

ET FÉLICITÉ DIDOT

PARIS

LIBRAIRIE HACHETTE ET Cie

79, BOULEVARD SAINT-GERMAIN, 79

1905

AMOUR

DE PHILOSOPHE

BERNARDIN DE SAINT-PIERRE
ET FÉLICITÉ DIDOT

Depuis plusieurs années déjà, certains auteurs ont pris à tâche de mettre en relief les traits véritables du caractère de Bernardin de Saint-Pierre, et d'apprécier, comme elle doit l'être, la façon dont il se conduisit avec les femmes, surtout avec Mlle Félicité Didot qu'il devait épouser; en un mot, ils se sont efforcés à abattre un piédestal sur lequel, comme une idole, la légende, on ne sait pourquoi, avait installé le vicaire havrais! Les lettres que nous publions aujourd'hui — lettres écrites à une fiancée et à une épouse — contribueront, en une certaine mesure, à cette œuvre : on ne connaît vraiment un homme que si l'on peut entendre ce qu'il dit aux femmes.

Ces lettres — que l'on est convenu d'appeler des lettres d'amour, alors même que ce sentiment n'est à leur auteur qu'un sentiment de second ordre, et cela parce qu'elles furent échangées entre deux êtres que devait unir, quelques mois plus tard, un mariage peut-être d'argent ou de raison — viennent éclairer d'un jour plus large deux âmes, qui, voici quelque temps encore, restaient dans l'ombre et n'étaient guère connues : l'une d'elles méritait pourtant qu'on la vît à la pleine lumière, je veux parler de celle de Félicité Didot.

Bernardin de Saint-Pierre avait cinquante-six ans lorsqu'il épousa Félicité Didot, qui en avait vingt[1]. Par l'effet de quelle étrange loi, cette gracieuse et « vivante » jeune fille aima-t-elle cet homme grincheux et âgé ? c'est là un mystère qu'il ne faut point chercher à éclaircir, et ce qui vient encore le rendre plus impénétrable, c'est que

[1]. Félicité Didot était née le dimanche 7 mars 1773, à quatre heures du soir. Elle fut baptisée le lendemain, en l'église Saint-André-des-Arts ; son parrain était M. Onfroy, marchand chapelier, et sa marraine Mme Didot Saint-Marc, sa tante.

l'être insociable et mécontent qu'il avait été durant sa jeunesse, alors qu'il voyageait, qu'il travaillait, qu'il écrivait, resta le même lorsqu'il fut amoureux.

Dès son enfance[1] Bernardin avait eu le caractère aventureux. Il vagabondait à travers champs, s'arrêtant pour lire *Robinson Crusoë* ou les *Vies des Pères du Désert*, et, comme saint Augustin qui déroba des poires et Rousseau qui vola des pommes, il se laissait souvent aller à cueillir, par-dessus les murs, les figues toutes dorées dans les jardins de ses voisins.

A neuf ans, il fuyait le monde, s'isolait et rêvait de devenir ermite ou missionnaire; ce fut un adolescent quinteux; il était étrange et maladif, hypocondriaque et fantasque, mais non pas fou, comme le furent son frère et son propre fils[2].

1. Jacques-Henri-Bernardin de Saint-Pierre était né au Havre, le 19 janvier 1737, rue de la Corderie, 47.

2. Il y a, du reste, dans l'œuvre même de Bernardin de Saint-Pierre, certains passages qui ne laissent point de doute sur l'état nerveux et maladif de leur auteur. Voici, à titre d'exemple, quelques lignes extraites du *Préambule de l'Arcadie*; Bernardin y parle en ces termes de ses propres maux : « Je fus frappé d'un mal étrange; des feux semblables à ceux des éclairs sillonnaient ma vue. Tous les objets se présentaient à moi doubles et mouvants; comme Œdipe, je voyais deux soleils. Mon cœur n'était pas moins troublé que ma tête;

Il ne pouvait vivre au même endroit, tant il était inquiet, agité : il avait douze ans lorsqu'il partit à la Martinique avec son oncle Godebout. Il revint à Caen pour se préparer et entrer à l'École des Ponts et Chaussées, et, en 1760, il était nommé officier d'artillerie. Mais cet insociable, ce sauvage, était-il capable de mener la vie en commun, de s'entendre avec ses collègues? il fut destitué parce qu'il était irascible et insubordonné.

dans le plus beau jour d'été, je ne pouvais traverser la Seine en bateau sans éprouver des anxiétés intolérables, moi qui avais conservé le calme de mon âme dans une tempête du cap de Bonne-Espérance, sur un vaisseau frappé de la foudre.

Si je passais seulement dans un jardin public, près d'un bassin plein d'eau, j'éprouvais des mouvements de spasme et d'horreur. Il y avait des moments où je croyais avoir été mordu, sans le savoir, par quelque chien enragé. Il m'était arrivé bien pis : je l'avais été par la calomnie.

Ce qu'il y a de certain, c'est que mon mal ne me prenait que dans la société des hommes; il m'était impossible de rester dans un appartement où il y avait du monde, surtout si les portes en étaient fermées. Je ne pouvais même traverser une allée de jardin public où se trouvaient plusieurs personnes rassemblées. Dès qu'elles jetaient les yeux sur moi, je les croyais occupées à en médire.... Lorsque j'étais seul, mon mal se dissipait; il se calmait encore dans les lieux où je ne voyais que des enfants.... Ce fut à Jean-Jacques Rousseau que je dus le retour de ma santé. J'avais lu dans ses immortels écrits, entre autres vérités naturelles, que l'homme est fait pour travailler, et non pour méditer. Jusqu'alors j'avais exercé mon âme et reposé mon corps; je changeai de régime : j'exerçai le corps et je reposai l'âme. »

Il quitte alors la France, voyage, parcourt l'Europe avec l'idée de fonder une colonie modèle, séjourne en Hollande en qualité de journaliste, en Russie comme capitaine d'artillerie, en Pologne comme amoureux, en Autriche, en Allemagne, s'embarque pour l'Ile de France[1] avec une situation d'ingénieur qu'il ne peut conserver à cause de son caractère qui rend tout rapport impossible avec l'ingénieur en chef et le commissaire de la marine, et, en 1771, sans un sou dans sa poche, il revient dans son pays.

Mais cet inquiet, ce vagabond, dont l'œuvre littéraire est en désaccord complet avec son caractère, était un sensitif et un sentimental, d'un mot un « féministe », en voulant dire ainsi celui qui si souvent fut un amant, voulut épouser toutes les héritières de la ville de Rennes et ne craignit point de se marier deux fois. Il aimait la nature, la mer, la forêt, les couchers de soleil, mais surtout les femmes, auxquelles il dédia *Paul et Virginie*, en les appelant « les fleurs de la vie ». Il fut — mais ce point n'est pas bien certain —

1. L'île Maurice.

l'amant de la grande Catherine de Russie; en Pologne, il eut une liaison, dont Aimé Martin fit un véritable roman, avec la princesse Marie Miesnik, qu'il quitta le 24 mai 1765 parce qu'elle ne voulait pas l'épouser; aussi ce dédaigneux tout gonflé d'ambition refusa-t-il — sans doute parce qu'elles étaient pour l'amant des reines et des princesses de trop petites demoiselles — de prendre les jolies mains que lui offrirent, à Saint-Pétersbourg, la nièce du général du Bosquet, à Amsterdam, la belle-sœur de Mustel le journaliste, à Berlin, la fille du conseiller Taubenheim.

Mais, en 1771, tandis qu'il songeait à son *Voyage à l'Ile de France* et qu'il fréquentait chez les philosophes auxquels d'Alembert l'avait présenté, comme il vivait, sans le sou, des libéralités que lui faisaient ses amis, cet égoïste qui n'avait jamais aimé que pour lui-même pensa que dans un mariage riche il trouverait peut-être de quoi satisfaire ses goûts et son ambition : il se mit alors à courir la dot. La sœur d'un de ses amis, Mlle Girault, et Mme Delaville-Jehannin, qui habitait Rennes, voulurent l'aider à se marier; mais les jeunes provinciales étaient difficiles, le prétendant trop exigeant, aussi ne trouva-t-il point la fiancée de ses rêves, et sa colère fut grande contre les Rennaises. Il parla même de « se rabattre » sur les veuves, et il fallut que Mlle Girault intervînt plusieurs fois pour l'en empêcher.

Sa tristesse cependant augmentait chaque jour. Il se brouilla avec les « philosophes », cessa de fréquenter chez Mlle de Lespinasse et chez Mme Geoffrin; et le baron de Breteuil, en qui il avait mis son dernier espoir, lui envoya ce billet qui le blessa profondément : « … Vous n'êtes pas gentilhomme, je ne puis rien faire pour vous. » Il s'en fut alors dans sa sombre retraite de la rue Saint-Étienne-du-Mont, et composa les *Études de la Nature*. Elles furent publiées en 1784, et attirèrent aussitôt l'attention du public sur leur auteur. Trois ans après, en 1787, quand parut *Paul et Virginie*, il fut célèbre et populaire; des jeunes filles alors offrirent de l'épouser, car le roman tournait bien des têtes; je citerai Mlles Bauda de Talhouët, Lucette Chapelle, Audouin de Pompéry, de Constant, de Kéralio et Pinabel; il préféra la fille de son éditeur, Mlle Félicité Didot.

*
* *

Bernardin de Saint-Pierre devait beaucoup de reconnaissance à Pierre-François Didot. Ignoré du public, âgé déjà, il cherchait un éditeur pour ses *Études* et n'en trouvait point, lorsque le manuscrit tomba entre les mains d'un jeune homme, A. Didot, qui était attaché à la librairie de son père; il parcourut l'œuvre et en parla à M. Bailly; celui-ci qui avait toute la confiance de son patron en dit quelques mots à ce dernier, et l'impression fut décidée. Bernardin vint alors souvent chez Pierre-François Didot; et quand, après avoir publié *Paul et Virginie*, il fut un auteur à la mode, quoique beaucoup de salons lui ouvrissent des portes qui jusque-là s'étaient tenues fermées pour lui, il continua de fréquenter quai des Grands-Augustins, d'autant plus volontiers qu'il y rencontrait Mlle Félicité Didot.

Épouser la fille de l'éditeur connu, dont il avait reçu de fortes avances en argent, cette idée devait bientôt germer dans le cerveau de ce coureur de dot qui désirait toujours se marier richement, et qui, à la fin de *la Chaumière Indienne*[1], faisait dire au Docteur répétant une des trois réponses du Paria sur la vérité : « On n'est heureux qu'avec une bonne femme. » Comment cet homme âgé de plus de cinquante ans sut-il se faire aimer d'une jeune fille qui avait à peine vingt ans, préféra-t-elle en lui, à d'autres prétendants, l'auteur de *Paul et Virginie* ou l'amoureux passionné d'elle dont il aimait à jouer le personnage, ce sont là des questions qui devaient plus tard faire couler bien de l'encre et donner naissance à des procès nombreux.

M. Fernand Maury, dans la thèse de doctorat qu'il a consacrée à Bernardin de Saint-Pierre[2], a dépeint en ces termes la jeune Félicité : « ... elle, la *suave* figure de châtaine *timide et tendre*. J'ai vu son portrait, une exquise miniature, qui me semble flatter, mais point mentir, dans la teinte d'une de ces roses d'automne qu'un peu de brume décolore. La voilà bien telle qu'elle a dû être, cette *craintive* Félicité, *songeuse*, un peu penchée

---

1. Elle parut en 1790.
2. Fernand Maury : *Étude sur la vie et les œuvres de Bernardin de Saint-Pierre*, 1892, Paris, Hachette.

sur son métier à tapisserie : les cheveux fins, le visage enfantin et charnu, le front uni, les yeux bleus, *longs*, très espacés et *caressants*, le petit nez aux narines écartées et ouvertes, *la bouche à peine malicieuse*, le menton partagé d'une large fossette, le cou noyé dans des lignes flottantes[1].... » M. Maury a fait là deux portraits, l'un physique, l'autre moral, en lesquels je ne veux pas croire[2].

L'auteur, se souvenant sans doute que la jeune femme était morte poitrinaire, a dû la rêver semblable à la maîtresse de Lamartine, avec un front très pâle et de « beaux yeux battus »; il a vu son visage, flatté lui semble-t-il, sur une miniature, au travers d'une petite glace, dans un cadre léger, et les traits se sont affinés, se sont fondus, se sont émaciés, dans la douceur des pâtes, sur la tonalité très neutre d'un vieil ivoire jauni. Tel n'était pas, tout à fait, le portrait physique de Félicité; je puis le dire, car il m'a été permis de voir, chez M. et Mme Gélis, un tableau où figure la jeune fille et un buste qui la représente.

1. Maury, p. 199.
2. Nous avons mis en *italique* les termes qui nous ont paru inexacts.

La toile, due au pinceau de Marchais, élève de Lépicier, rappelle une partie de campagne : la famille Didot achève de déjeuner sous les ombrages de grands arbres [1]. Félicité, assise sur l'herbe, est vêtue d'une robe gris bleu, couleur fleur de lin, la taille serrée par un long ruban paille ; elle porte des souliers d'un jaune terne, bordés d'étoffe rouge, et des bas clairs ; sur son corsage, très décolleté, la gaze transparente d'un fichu Marie-Antoinette met une note légère et gaie ; elle a le teint rose et délicat, des yeux très bleus, une bouche fraîche, souriante, rouge, et son nez mignon lui donne un petit air mutin et décidé ; elle a les cheveux poudrés, encerclés par un ruban paille semblable à celui de sa ceinture.

Son buste (fait par sa mère, qui sculpta d'autres œuvres avec un certain talent) date, m'a-t-on dit, d'après son mariage ; il ne lui donne point une autre physionomie et précise même certains détails qui échappent lorsqu'on regarde la pein-

1. Toute la famille Didot jeune est représentée sur ce tableau : Pierre-François Didot, le père, et sa seconde femme, née Anne Travers, avec ses deux filles Sophie et Félicité, et ses quatre fils : Pierre-Henri Didot, Neuilly Didot, Léger Didot, Saint-Marc Didot. Il y a là aussi un fils du premier lit du père : Nicolas-Firmin Didot.

ture. La chemise, ornée d'une dentelle, est ouverte largement sur la gorge; le cou est rond, gras et court; le menton petit, assez volontaire, avec une fossette; les lèvres sont épaisses, et si celle d'en haut n'avançait un peu sur la lèvre inférieure on dirait que la bouche, mignonne, est faite pour le baiser. Le nez est petit, assez large, et les narines semblent humer l'air; l'œil est rond, vif, point timide du tout, nullement innocent, plutôt hardi et provocant; le front est bombé; les cheveux, ceints d'un ruban qui forme bandeau, sont groupés au sommet de la tête et retombent, en nattes, sur le cou; la figure ronde, poupine et jouffluc est celle d'une campagnarde grassouillette et sensuelle.

Quant à l'idée que je me suis faite du caractère de Félicité Didot en parcourant les lettres qu'elle a écrites, elle est tout l'opposé de la conception qu'en a eue M. Maury, et je fus très étonné de lire le portrait — qui ne me paraît point exact — où la jeune fille nous est montrée timide, tendre et suave, craintive et songeuse avec son regard caressant. Telle, peut-être, fut-elle après son mariage, quelque temps avant que la tuberculose ne l'emportât ; mais, jeune fille, elle dut être très gaie, très matérielle, légère et inconséquente, sentimentale néanmoins et profondément romanesque, capable d'aimer avec passion et de donner, en cachette, des baisers éperdus, ayant des sens suffisamment éveillés pour accepter les caresses d'un amant, sinon pour les provoquer ; peut-être, mais j'en doute, aurait-on pu la séduire, et je ne crois pas — quoiqu'on l'ait prétendu — que Bernardin de Saint-Pierre ait été jusque-là.

*
* *

Félicité Didot avait vingt-ans lorsque Bernardin, qui en avait cinquante-six, l'épousa le dimanche 27 octobre 1793 [1]. Un échange continu de

---

1. Nous avons connaissance de cette date, par une lettre de Bernardin au citoyen Didot-Autran. Elle est datée du 25 octobre, qui était un vendredi, et il y est écrit que le mariage aura lieu : *dimanche prochain*, il a donc été célébré le 6 brumaire an II. Voici du reste l'acte de mariage de Bernardin et de Félicité, extrait du registre des actes de l'état civil de la commune d'Essonnes.

Il est à remarquer que cet acte renferme une erreur, relative à l'âge de Bernardin de Saint-Pierre ; l'acte de naissance de celui-ci y est mentionné comme étant daté du 20 janvier 1737 : cela est exact, mais alors Bernardin, le 27 octobre 1793, était

lettres avait eu lieu entre eux longtemps avant

âgé de 56 ans et 9 mois, et non de 55 ans 9 mois, comme le
dit l'acte de mariage que voici :

« Aujourd'hui, sixième jour du deuxième mois de la deuxième
année républicaine une et indivisible, heure de midi, par-
devant moi, Claude Villmer, officier public de la commune
d'Essonnes, pour rédiger les actes destinés à constater les
naissances, mariages et décès des citoyens, sont comparus
dans la maison commune pour contracter mariage, d'une part,
Jacques Bernardin Henry de Saint-Pierre, âgé de cinquante-
cinq ans neuf mois, homme de lettres et cultivateur, domicilié
dans la municipalité d'Essonnes, district de Corbeil, département de Seine-et-Oise; entre Félicité Didot, âgée de vingt ans
sept mois, fille mineure de Pierre François Didot, propriétaire
de la papeterie, établi à Essonnes, et de Marie Anne Travers,
tous deux présents, lesquels futurs conjoints étaient accompa-
gnés de Jean Honoré Larivière, âgé de trente ans, serrurier à
Essonnes, et de Jacques Meunier, charpentier, âgé de soixante-
deux ans, demeurant en cette commune, amis du futur. Et
Pierre François Didot et Marie Anne Travers, père et mère de
la future, présents, domiciliés audit Essonnes; moi, Claude
Villmer, officier public, après avoir fait lecture en présence des
parties et desdits témoins de l'acte de naissance de Jacques
Bernardin Henry de Saint-Pierre, en datte du vingt janvier
mil sept cent trente-sept, paroisse de Notre-Dame du Havre de
Grâce, département de Seine-Inférieure, fils de Nicolas de
Saint-Pierre, directeur de la messagerie de la ville du Havre,
et de Catherine Godebout, du légitime mariage des cy-dessus
dénommés; de l'acte de naissance de Félicité Didot, en datte
du huit mars mil sept cent soixante-treize, paroisse de Saint-
André-des-Arts à Paris, fille de Pierre François Didot, propriétaire de la papeterie, établi à Essonnes; et de Marie Anne
Travers, ses père et mère cy-dessus dénommés; de l'acte de
publication de promesse de mariage entre les futurs conjoints,
dressé par moi, Claude Villmer, le vingt octobre et affiché le
même jour à la porte de la commune d'Essonnes; après aussi
que Jacques Bernardin Henry de Saint-Pierre et Félicité Didot
ont déclaré à haute voix se prendre mutuellement pour époux.

« J'ai prononcé, au nom de la Loi, que Jacques Bernardin
Henry de Saint-Pierre et Félicité Didot sont unis en mariage,

l'époque de ce mariage[1], avant que Bernardin eût demandé la main de la jeune fille à ses parents, une partie même de cette correspondance fut envoyée à l'insu de ces derniers. Félicité voyait souvent, quai des Grands-Augustins, l'écrivain célèbre et applaudi de ce *Paul et Virginie*, à la lecture duquel elle avait pleuré chez Mme Necker; elle aimait à s'entretenir avec son auteur favori, s'intéressait au sort de ses œuvres, et lui écrivait : « Monsieur, tout le tems que je fus au magasin, vos ouvrages ont toujours eu le succès qu'ils mérittent, et je ne douttes pas que ce ne soit toujours de même[2]. » Peu à peu Félicité s'éprit de Bernardin; elle l'aima avec cette sorte

et j'ai rédigé le présent acte que les parties ont signé avec moi.

« Fait en la maison commune d'Essonnes, lesdits jours, mois et an que dessus. Signé enfin : DE SAINT-PIERRE, FÉLICITÉ DIDOT, P. F. DIDOT, M. A. TRAVERS, LARIVIÈRE, MEUNIER et VILLMAIR, officier public.

« Ces présentes, certifiées véritables par nous, secrétaire greffier de la municipalité d'Essonnes, soussigné, être conformes aux minuttes du greffe de cette commune.

« A Essonnes, le septième jour de la première décade du deuxième mois de la deuxième année républicaine.

« PASQUIER. »

1. Certaines sont en effet datées du mois d'août 1792.
2. Voir lettre 1.

de tendresse respectueuse et soumise qu'éprouve une enfant pour un maître : celui-ci était bourru et pédant, mais elle le croyait amoureux.

Amoureux : l'a-t-il été? il a su comme tout rêveur murmurer à l'oreille d'une jeune fille émue des choses très douces qu'il ne pensait peut-être pas; il a pu comme tout homme de lettres écrire à une femme de jolies phrases et dire d'aimables pensées, qu'il entendait sonner très faux. N'était-il pas du reste entraîné à cette gymnastique amoureuse, à cette acrobatie du cœur, lui qui avait pu redire aux jeunes filles de Rennes les paroles qu'il avait chantées à des princesses polonaises? Et comment Félicité, qui n'était qu'une enfant, pouvait-elle ne pas se laisser prendre à ce verbiage et le croire sincère, puisque bien d'autres avant elle, et des plus averties, y avaient été trompées?

Mais que Bernardin dans ses lettres sait mal cacher sa véritable nature! Il veut paraître tendre, délicat, amoureux, sincère, il se révèle encore ici ce que toujours il a été : insociable, onctueux, faiseur de déplorables jeux de mots, patelin et surtout égoïste; quand il écrit à sa fiancée : *ton bonheur*, il se reprend aussitôt s'apercevant qu'il s'oublie, rature, corrige et met *notre bonheur* [1]; s'il pouvait, sans être impoli, dire simplement *mon bonheur*, il l'écrirait ! Il ne songe qu'à lui, et un an avant son mariage il déclare à celle qu'il prétend aimer : « Je suis très touché des malheurs de ce bon et infortuné Neuilly. si quelque considération pouvoit temperer votre douleur, cest le succès de mes affaires [2]. » Il veut imposer ses idées, ses plans, ne s'inquiète pas des désirs que pourrait avoir Félicité; il parle à tout instant de sa santé, de ses déboires, de son argent; il veut, pour des raisons étranges, que son mariage reste secret [3]; il faut que son beau-père lui achète une île à Essonnes, où il fera construire une maison et où il ira vivre, car il ne peut se passer de la campagne, et il contraindra sa malheureuse femme à y rester, à y mourir. Il avait une âme de pion, et quand il rencontra une intelligence jeune et libre, il rêva de s'en emparer, pour la pétrir à sa manière, l'enfermer dans des bornes

1. Lettre 38.
2. Lettre 18.
3. Lettre 6.

étroites, la faire semblable à lui-même — ce qui lui paraissait la plus désirable des choses — pareil à ces oiseleurs qui crèvent les yeux des rossignols pour le plaisir de les entendre mieux chanter. Il conseille, il éduque Félicité[1]! Il veut lui faire apprendre la botanique, « étudier le système de Linnæus »; il lui dit de s'occuper à réformer son orthographe, que ses fautes sont de petites taches, et, en écrivant cela, le ridicule professeur met deux *t* à petites et une seule *h* à orthographe! il veut qu'elle soigne ses expressions, car ose-t-il écrire, lui : « la parole est l'habit de la pensée; la mauvaise ortographe est par raport à elle ce quune déchirure est à un habit[2] ». Il se fait aussi le conseiller intime de la jeune fille; il craint qu'elle n'engraisse et lui dit de manger un peu moins[3]; est-elle enrhumée : elle devra garder la chambre et même le lit[4]; elle ne doit point veiller, ni lire au milieu de la nuit, car le sommeil seul « rafraîchit le tein des bergères[5] »;

1. Lettres 10 et 17.
2. Lettre 10.
3. Lettre 14.
4. Lettre 19.
5. Lettre 20.

il ne faut pas, enfin, qu'elle porte des toilettes voyantes qui peuvent attirer les regards des passants[1]!

Car il est jaloux, ce vieillard, et se rend ainsi plus ridicule encore; il craint d'être bafoué pour avoir, à cinquante-six ans, épousé une petite fille qui en avait à peine vingt; il cherche dans l'histoire des exemples connus qui l'aideront à se persuader que de telles unions furent des unions heureuses, il cite Socrate, il invoque Sénèque[2]. Et malgré cela, il a peur : peur que ce mariage ne se fasse pas ou peur d'être trompé; il désire qu'en redoublant de confiance pour lui Félicité diminue « un peu avec les autres de cette familiarité que le cousinage, l'enfance, le voisinage rendent sans conséquence pour une ame indifferente, mais qui ne le sont pas pour celle qui aime[3] »; un jour il se rappelle des « marques de familiarité » qui lui parurent « signifiantes » et il se croit oublié[4]; dans une autre lettre, il la laisse libre de recevoir les visites d'un ami, mais conclut sèchement : « cest

1. Lettre 13.
2. Lettre 9.
3. Lettre 14.
4. Lettre 17.

vous seule qui pouvés connoître le degré et la nature de laffection qu'il a pour vous[1]. »

Quelle âme d'ange, d'enfant, ou quelle résignation avait-elle donc cette femme délicieuse, ou de quelle passion ses aimables yeux bleus étaient-ils aveuglés, pour qu'elle ne vît pas, d'après ces lettres... d'amour, quel infernal mari ferait cet amoureux pitoyable et morose? elle ignorait, sans doute, qu'il lui donnait là le plus joli de son caractère, et elle ne se doutait pas — mais quelle femme veut le savoir — que pour apprécier un mari, il faut l'estimer fort au-dessous de ce qu'il sait se montrer lorsqu'il est fiancé. Elle croyait tout ce qu'il condescendait à lui dire, et, comme son regard était ému et troublé par les quelques mots d'amour qui se trouvaient dans les lettres, elle n'a point dû pouvoir lire les lignes où son ami se montrait si insupportable. Elle fit abnégation de sa personnalité, elle eut peur de déplaire, elle obéit, et se trouva très heureuse lorsque le professeur dit à l'élève : je suis content. Il lui adresse une lettre[2], dans laquelle il la prie

1. Lettre 19.
2. Lettre 3.

de ne plus l'appeler « Monsieur », de lui écrire longuement pour que son âme se repose sur la sienne « comme un voyageur sur un gazon frais », de chercher une chaumière où son « cœur resserré s'épanouira », et cela suffit pour la transporter de plaisir et lui faire écrire à la fin de la missive : « Reçu le 22 août. Jour heureux pour Félicité ». Elle pleure de joie en lisant les lettres de Bernardin et lui demande des conseils, elle voudrait être toujours à ses côtés et déplore les absences, elle consent à vivre à la campagne et pour plaire se met à la lecture, elle écrit longuement et se révèle, toute, telle qu'elle est, simplement et sans affectation, ne craignant pas de dire son amour, doutant seulement de ne point employer des termes en rapport avec les sentiments qu'elle éprouve : c'est une amoureuse qui a foi en l'avenir et qui croit au bonheur — n'avait-elle point l'âge des illusions?

A l'approche du jour de son mariage, la jeune fille — nous nous en doutons seulement, ses dernières lettres n'étant pas parvenues jusqu'à nous — dut crier très haut sa joie, tout heureuse de voir se réaliser ses vœux les plus chers, tandis que le sauvage que nous connaissons, qui s'était vu refuser par son beau-père la promesse de tenir cette union secrète, envoyait une lettre de faire part, unique, au citoyen Didot-Autran, lettre d'un fantasque et d'un extravagant : « Je m'adresse à vous, Citoyen, comme à l'aîné des enfants du citoyen Didot, pour vous annoncer l'alliance que je contracte avec votre famille, en épousant dimanche prochain votre aimable sœur Félicité Didot. Comme je n'ai ni le temps ni les moyens d'envoyer suivant l'usage des lettres imprimées pour prévenir les parents et amis de mon mariage, je vous prie de vouloir bien en faire part, ainsi que de la satisfaction que j'éprouve à resserrer avec eux les liens de l'amitié par ceux de la parenté. Je m'en félicite en particulier par raport à vous. Je vous présente ainsi qu'à eux les assurances de mon amitié fraternelle[1]. »

1. J'ai trouvé cette lettre citée (p. 198) dans la thèse de M. Maury, qui écrit, en note : « Lettre inédite de Bernardin de Saint-Pierre au Citoyen Didot-Autran, 25 octobre 1792, l'an II de la République. C'est évidemment 1793 qu'il faut lire. Cette lettre est en possession de la petite-fille de Bernardin de Saint-Pierre, Mme Destiker, qui a eu la gracieuse obligeance de me la communiquer. »

*
* *

Telle est, en quelques mots, l'histoire sentimentale d'un homme âgé et d'une amoureuse, qui écrivirent, *avant leur mariage*, les lettres que nous présentons aujourd'hui au public dans la première partie de cet ouvrage. Quelques-unes d'entre elles, écrites par Bernardin, ont été publiées par Aimé Martin, en 1826, dans le troisième volume de la *Correspondance de Bernardin de Saint-Pierre* (Paris, Ladvocat, in-8); d'autres ont été citées [1], par fragments, dans une plaquette d'un M. Meaume [2], dans la thèse de M. Maury et dans un article de M. Largemain [3]; nous les publions, toutes, en entier, avec les nombreuses lettres de Bernardin et de Félicité qui étaient encore inédites avant les publications que nous en avons faites dans la *Revue des Deux Mondes* du 15 mai 1904 et dans la *Revue Hebdomadaire* du 15 octobre 1904 [4].

1. Les citations sont souvent reproduites inexactement.
2. *Étude sur la vie privée de Bernardin de Saint-Pierre (1792-1800)*, par E. Meaume, président de l'Académie de Stanislas (Nancy, 1856).
3. *Revue d'Histoire littéraire de la France*, 1902, p. 271.
4. Nous avons laissé aux lettres publiées par nous dans la

Les lettres échangées, *avant leur mariage*, par Bernardin et Félicité, ne sont pas les seules que nous possédions; Aimé Martin, en 1826, dans la *Correspondance de Bernardin de Saint-Pierre*, en a imprimé plusieurs que celui-ci écrivit à sa *femme*. Par elles, par d'autres lettres, inédites, — nous les publions toutes dans notre seconde partie, — et les renseignements que nous donnèrent les biographes, nous pouvons connaître l'épilogue de ce roman : il est très triste.

Félicité ne fut point heureuse: Elle mena une vie de dévouement et d'amour pour un homme qui ne sut même pas s'en apercevoir; la naissance d'une fille[1] et de deux fils[2], dont l'un mourut très jeune, n'égaya que peu de temps la triste mélancolie de son séjour à la campagne; elle se donna toute à l'éducation de Virginie et de Paul, mais, restant de longues journées très seule,

---

Revue Hebdomadaire la qualification *d'inédites*, parce qu'elles ont paru récemment, et qu'elles sont *inédites en volume*, comme, du reste, les lettres publiées par la *Revue des Deux Mondes*. Mais pour ces dernières nous avons indiqué les numéros qui leur avaient été donnés dans cette revue.

1. Virginie de Saint-Pierre naquit le 29 août 1794, à Essonnes.

2. Le premier fils, Paul, ne vécut que six mois; il était né le 3 juin 1796 (25 prairial an IV). Le second fils, qui fut, lui aussi, appelé Paul, naquit le 5 avril 1798 (16 germinal an VI).

car Bernardin s'absentait souvent, elle laissa libre cours à ses rêveries, et dut avoir d'amers regrets. Elle aimait pourtant toujours son mari, bien qu'il s'occupât peu d'elle, et lui écrivait encore en l'an IV de tendres lettres, pleines d'affection pour lui et ses enfants[1]. Ses frères qui déjà se querellaient avant son mariage, ainsi qu'en témoignent plusieurs lettres où elle le dit à Bernardin[2], continuèrent leurs disputes qui la bouleversaient profondément; enfin son père Didot le jeune mourut en décembre 1795[3]. La succession embrouillée fut difficile à liquider et ses frères ne laissèrent point échapper cette occasion nouvelle de discussions et de récriminations; Bernardin dut intervenir pour défendre la part de sa femme, et de tout ceci la pauvre Félicité souffrit davantage. Elle s'étiola, et dans sa froide maison d'Essonnes les germes de la tuberculose qu'elle avait en elle ne tardèrent pas à se développer — de cette tuberculose qui avait tué déjà Sophie, sa sœur, à l'âge de dix-huit ans[4].

1. Voir la lettre 53.
2. Voir la lettre 36 et surtout la lettre 35.
3. Vers le milieu de frimaire an IV.
4. Sophie Didot, sœur aînée de Félicité, était née le 1er septembre 1768; elle mourut le 14 janvier 1786. Elle avait quatre ans de plus que sa sœur.

C'est alors que ses biographes se trouvaient embarrassés par une question qu'ils ne pouvaient trancher : Félicité a-t-elle voulu divorcer? Certains l'affirmaient, d'autres le niaient, et cette question ne pouvait sortir du domaine de l'hypothèse, puisqu'on épiloguait sur une lettre, inédite, qui, paraît-il, avait disparu. Eh bien! cela est vrai : il a été question de divorce entre le mari et la femme; le document qui le prouve n'est pas perdu, il nous est aujourd'hui donné de le publier : c'est une lettre de Bernardin de Saint-Pierre à sa belle-mère, Mme Didot mère; elle est datée du 6 ventôse an VII, c'est-à-dire du 24 février 1799 (dimanche).

Quoi qu'il en soit, Félicité renonça à son projet; elle continua de dépérir[1], minée par le terrible

1. Voici, à titre de curiosité, une lettre, inédite, écrite à Félicité par sa mère, un mois avant sa mort. Cette lettre datée du 17 brumaire an VIII, c'est-à-dire du 8 novembre 1799 (vendredi), se trouve à la Bibliothèque du Havre (dossier 157, p. 132, B. 63).

A la Citoyenne
de St-Pierre.

« Tu me demande des nouvelles de ma santé, ma bonne fille, puige me bien porté et te savoir malade ne crois pas que leloignement fait que je toublie jai eut de tes nouvelle trois fois depuis tont départ.

« tu me fait des plainte de ton docteur, cest une grande negligence de sa part si tu ne la pas vue depuis ton retour d'Essonne, je n'ivois un seul moyen cela ceroit de lui Écrire l'état ou tu te trouve présentement et le desire que tu aurois

CATHERINE GODEBOUT

Dame de Saint-Pierre, mère de Jacques-Henri-Bernardin

(*Dessin appartenant au musée du Havre*)

mal auquel son mari semble ne pas avoir cru, et à vingt-six ans elle s'éteignit, après six années de mariage, le 18 décembre 1799[1]. Bernardin, resté

de le voir, je crois qu'il ne manqueroi pas de venir, étant assuré d'avoir la Confiance de sa malade, cest surement la le motif de son peut déxactitude. —

« quoique tu ne mest pas demandé ta grande Bergere jai prie sur moi de te l'anvoyer, Croyant te faire plaisire, et réparé la sotise de nos deux pauvres d'esprit.

« la fin de ta lettre me fait de la peine, tu Crain de mennuyer de ton bavardage, que je dois être bien tranquil dêtre debarassé de tout tont trio, bonne amie tu ne connois pas le cœur de ta mere, les moyens me manque présentement pour te prouvé ce que je ressant pour toi, il viendra un tant plus heureux ou je pourai me faire connoitre, mais pour le presant ce qui mocupe le plus cest de savoir tont rétablisement, ne temest nul inquiétude dans lesprit, prend donc une ferme resolution sur toit même, et soit sur que cette fievre qui est nerveuse se dissipera, le grand Medecin cest Dieu Elaive ton ame vers ton créateur de mande lui dans tes priere la force et le courage de supporté ton mal avec passiance cest la le vraix moyen de trouvé du soulagement et de la Consolation dans tout ce qui nous arrive. —

« jai attendue tout ces jours si notre ami St-Pierre ayant promi qu'il viendroit dans huit jours, letant est passé, je ne sait aquoi attribué son retard, fait lui mille amitiér de ma part embrasse le pour moi ainssi que mes deux beaux petit Enfans que jaime de tout mon cœur.

« Ve DIDOT. »

« ta tante charpentier a été sansible a ton bon souvenir elle ma chargé de mille amitiér de sa part.

« jatant toujours que l'on me livre mon blé mais je vois qu'il faut prendre mon partie de man passé, jen suis toutes consolé, dans lespérance detevoir plutôt que je le Croyoit.

« tu recevra une petite anguille et un petit brochait cest de la paiche de Mongeron. »

du 17 Brumaire an 8e.

1. 27 frimaire an VIII. — Elle mourut à Paris chez sa mère.

veuf avec deux enfants[1], n'a point dû souffrir
de la mort de sa femme[2]; il avait été trop désireux de se marier pour renoncer à un tel projet
après l'essai qu'il venait de réaliser en compagnie,
il est vrai, d'une femme qui avait tout fait pour le
rendre heureux et qui avait été sa servante ; aussi,
bientôt après, recommençait-il, avec des expressions identiques, à écrire des lettres d'amour,
toutes semblables à celles que l'on va lire, pour

1. Sa fille avait cinq ans, et son fils dix-huit mois.
2. Voici une lettre, inédite, écrite à Bernardin après la mort
de Félicité, par sa belle-mère, Mme Didot. Cette lettre, datée
du 20 nivôse an VIII, c'est-à-dire du 10 janvier 1800 (vendredi),
se trouve à la Bibliothèque du Havre (dossier 157, p. 141,
B. 72).

Aux Citoyen de
St-Pierre

« Beaucoup dafaire tres désagréable mavoit fait oublier que
je suis forcé d'aller à Essonne, ainssi bonne ami, vous prendré
le jour quil vous cera le plus comode pour partir ensemble
et revenir de même. —

« Votre invitation honaite daller dîner chez vous auxquelles
je suis des plus censible, il ne mest pas possible de laccepté.
je parle a mon ami, et je lui parle avec toutes la sincerité de
mon ame, nom je ne me sans pas la force de pouvoir vincre
les ydé triste aux quelle je ne ne pourois surmonté, jevite
autant quil mest possible cette Cruelle maladie de Nerf dont
je suis présentement tres tourmenté, cenes donc quavec le
tant et le secour de Dieu, que je prie tous les jours deloigné
de moi se tableau affligan de ma pauvre fille qui mest continuellement présente amamémoir, ne men voulé pas plaigné
moi, oui plaigné moi, si cest une faute que je fait jatant tout
de votre sancibilité pour me pardonné.

                                        « V. Didot. »

20 Nivosse an 8e.

Mlle Désirée de Pelleporc, qu'il avait rencontrée dans une institution de jeunes filles dirigée par Mme de la Maisonneuve. Il avait soixante-trois ans lorsqu'il l'épousa, en brumaire an IX[1] : il regretta, je crois, la pauvre Félicité !

Il s'éteignit le 21 janvier 1814, à Eragny-sur-Oise, et, comme il avait sans doute converti sa femme à ses propres théories sur le mariage, elle épousa, en secondes noces, Aimé Martin[2], le secrétaire de son mari défunt. Celui-ci consacra toute sa vie à la publication et à la glorification des œuvres de son maître, à la défense aussi de sa mémoire, et il eut en cela fort à faire, car elle fut vivement attaquée.

*
* *

Les originaux des lettres que nous publions se trouvent, les uns, au nombre de seize, à la Bibliothèque du Havre, les autres, de beaucoup les

1. Octobre-novembre 1800.
2. Martin (Louis-Aimé), littérateur, né à Lyon, en 1786, mort, à Paris, le 22 juin 1847; d'abord professeur d'histoire littéraire de la France des xiie, xiiie et xive siècles, à l'Athénée, en 1813; secrétaire-rédacteur de la Chambre des Députés en 1815, et, peu de temps après, professeur de belles-lettres, de morale et d'histoire à l'École polytechnique, en remplacement d'Andrieux; destitué en 1831 et nommé conservateur à la Bibliothèque Sainte-Geneviève.

plus nombreux, dans la collection de M. Pierre
Gélis-Didot. Aimé Martin fut pendant longtemps
dépositaire de ces dernières lettres; elles apparte-
naient à Mlle Virginie de Saint-Pierre, fille de
Bernardin, qui avait épousé le général de Gazan.
Lorsque Mme de Gazan fut morte, le général les
conserva, et quand, en 1849, il succomba au
choléra, elles furent vendues avec sa bibliothèque
et achetées par un collectionneur dont j'ignore le
nom. Paul de Saint-Pierre ne se porta pas acqué-
reur à cette vente; il ne pouvait, étant fou, songer
à la mémoire de son père. Je retrouve ces lettres
à Nancy, en 1856, entre les mains de M. E.
Meaume, avocat, puis juge, auteur de diverses
brochures et président de l'Académie de Stanislas.
Comment les a-t-il eues? « par un heureux
hasard », voilà tout ce qu'il dit. Je perds alors la
trace de ces lettres et ne les retrouve que chez
M. Pierre Gélis-Didot, l'architecte bien connu, qui
est le petit-neveu de Bernardin; il acheta une partie
de ces lettres dans une vente publique, en février
1887, et compléta cette très belle collection, dont il
est demeuré, depuis lors, l'heureux propriétaire[1].

1. C'est M. Pierre Gélis-Didot qui m'a autorisé à publier ces

Comment ces missives, — je parle de celles écrites *avant le mariage* — parvenaient-elles à leur destinataire? C'est là, je crois, un point dont il n'a jamais été parlé. Certaines d'entre elles ont été confiées à la poste : le timbre qui les accompagne en fait foi ; d'autres ont été portées par un commissionnaire ou même données par Bernardin à la mère de Félicité [1]. Mais plusieurs d'entre elles semblent avoir été remises en cachette, de la main à la main, lorsque se rencontraient les deux amants ; c'est donc là, peut-être, en partie, une correspondance secrète échangée furtivement à l'insu des parents qui pourtant avaient agréé ce mariage. Les deux héros de ce roman, peu romanesque pourtant, craignaient sans doute de ne pouvoir, lorsqu'ils se voyaient, causer assez librement et se confiaient par écrit l'expression de leurs sentiments. Ceci ressort de la lecture de quelques lettres : « hier au soir, écrit Bernardin, tu etois charmante. tu pensois peut-etre au plaisir que me feroit ton billet [2] » ; ne répond-il pas là à

lettres ; qu'il me soit permis de lui dire ici toute ma reconnaissance et mes remerciements.

1. Voir lettre 8.

2. Lettre 14.

une lettre que Félicité lui aurait donnée la veille
au soir? « Jai recu aujourdhui mardi à onze
heure du matin, mentionne-t-il ailleurs, votre
charmante lettre, que vous deviés me remettre
dimanche, et que vous mavés envoyée lundi[1] », et
dans une autre missive : « ..... pourquoi, quand
j'arrive le soir fatigué des affaires du jour, navés-
vous pas un petit mot de lettres qui renferme les
pensées du jour ou celles de la nuit[2]. » Félicité,
elle aussi, semble agir de la même façon : « il est
midi, écrit-elle, et la douce Esperance de te voir
dans deux heures, repand dans moie un contentement secret[3]... » Bernardin n'a-t-il pas dit : « je
tembrasse mon aimable enfant, en attendant le
plaisir de te remettre moi-meme la presente[4] », et
enfin Félicité n'a-t-elle point écrit : « mon heureuse étoile doit me conduire aujourd'hui chez toi
où si tu t'y prêtes, je pourrai te remettre cet écrit,
en te serrant la main aussi tendrement que je
t'aime[5]. » Comment après avoir lu ces mots,

1. Lettre 17.
2. Lettre 12.
3. Lettre 34.
4. Lettre 24.
5. Lettre 22.

pourrait-on rejeter l'hypothèse d'une correspondance en partie cachée? et ce qui vient la fortifier, c'est que parmi les lettres de Bernardin, qui ne sont du reste jamais signées, beaucoup ne portent aucune adresse. Celles qui sont dues à Mlle Didot sont toujours signées : Félicité ou Félicité Didot. Les lettres, écrites *après le mariage*, au contraire, celles de Bernardin comme celles de Félicité, portent presque toujours une adresse et sont généralement signées[1].

Parmi les lettres antérieures et postérieures au mariage que nous imprimons, certaines, de Bernardin, ont été, comme nous l'avons dit, publiées, soit en entier, soit par fragments, par Aimé Martin; plus tard MM. Meaume, Maury et Largemain ont reproduit des fragments de lettres de Bernardin et de Félicité; nous-même, dans la *Revue des Deux Mondes* et dans la *Revue Hebdomadaire*, nous avons publié les lettres des deux fiancés ou des deux époux qui étaient encore inédites; nous reprenons aujourd'hui, dans leur

---

1. C'est pour cela que nous avons signalé dans les notes qui accompagnent chaque lettre, si celle-ci était signée, portait une adresse et était oblitérée.

ensemble, toutes ces missives, en y joignant celles qui n'ont pas encore connu la publicité.

Ce qui a rendu le classement de toutes ces lettres assez difficile, c'est que la majorité d'entre elles ne sont pas datées; il a donc fallu, pour établir l'ordre dans lequel nous les publions aujourd'hui, faire des rapprochements et tirer parti des indications, assez nombreuses, des lieux d'où elles sont envoyées : Paris, Essonnes et Chantilly.

L'écriture de Bernardin n'est pas toujours facile à lire; le papier qu'il employait généralement est blanc, d'un très petit format, rugueux, buvant un peu l'encre, qui, elle, a fortement rougi. Les caractères sont moyens et serrés, les mots souvent liés et rapprochés; les lignes ne sont pas toujours régulières et vont en montant de gauche à droite; les fautes d'orthographe abondent. Bernardin employait presque toujours de petites lettres, même au début d'une phrase ou au commencement d'un alinéa, et, de plus, très pressé, estropiait beaucoup de mots, supprimant des jambages et écrivant ainsi : un *honne*, une *fenne*, un *connissionaire*. Les lettres de Félicité sont d'une calligraphie plus lisible, mais plus difficiles peut-être à déchiffrer, car elle emploie une orthographe qui déroute, parlant d'une *prérie*, ou s'apitoyant sur le sort de sa fille qui souffre *de c'est dents*; elle abuse des majuscules et accompagne souvent les lettres de fioritures et d'ornements; elle aimait le papier vert clair, d'un grand format, sur lequel son écriture, assez grosse, court largement avec agilité.

Les épîtres *antérieures au mariage* sont, comme on le verra, toutes emplies de sentimentalité, et abondent en petits détails sur la vie journalière et les ennuis quotidiens. Il est à remarquer que pendant la période où elles étaient envoyées, d'août 1792 à octobre 1793, des événements qui troublaient profondément l'ordre social se déroulaient en France : la chute de la Royauté, les massacres de Septembre, la réunion de la Convention, la proclamation de la République, la mort de Louis XVI, la Terreur enfin avec ses levées d'hommes en masses pour lutter contre l'étranger, sa loi des suspects, et les promenades sanglantes de sa guillotine. Eh bien! de tout cela Bernardin semble ne pas s'être aperçu, il n'en dit mot dans les lettres qu'il écrivait *avant son mariage*, et ce serait à croire que les historiens ont rêvé les troubles qu'ils nous racontent, puisque la vie en France était si paisible à cette époque que les gens n'en parlaient même point! De-ci, de-là, quelques phrases seulement font allusion à ces grands faits historiques[1], mais aucun de ces actes populaires, aucun de ces mouvements de foule, aucun de ces « tumultes » ne nous est décrit, et nous ne pouvons juger par ces lettres de l'importance sociale de ces événements, qu'en lisant les récriminations — les seules — que Bernardin formula, *après son mariage*, sur la plus-value qu'ils donnèrent au pain quotidien! Et pourtant de Saint-Pierre n'était pas étranger à tous les événements de cette époque : il était l'ami des Conventionnels les plus en vue, recevait des approvisionnements du Comité de Salut public, se voyait offrir et refusait la place de bibliothécaire en chef à la Bibliothèque nationale, était chargé d'un cours à l'École normale et touchait jusqu'à 2 700 livres de pension du gouvernement[2].

1. Voir lettres 12, 13, 19, 23.
2. Cf. Maury, p. 206.

*
* *

Lorsque le créateur d'un culte vient à disparaître, un disciple, toujours, est là pour continuer la célébration des rites devenus traditionnels, poursuivre l'éducation des masses et empêcher que le temps, effriteur de granit, n'émiette aussi des dogmes intangibles. Et chose curieuse : cela est vrai même du culte du moi. Lorsque Bernardin, divinité périssable, eut abandonné le temple où il célébrait à lui-même, son grand prêtre et son secrétaire, Aimé Martin, poursuivit la glorification de la mémoire de son maître ; il la défendit aussi, et il eut en cela fort à faire, avons-nous dit, car elle fut vivement attaquée.

Bernardin, durant son mariage, avait eu de vives discussions avec plusieurs de ses beaux-frères, mais après la mort de sa femme il était resté en excellents termes avec l'un d'eux, Henry Didot, le graveur en caractères. Léger Didot ou Didot Saint-Léger, inventeur du papier sans fin, en voulait particulièrement à son frère ; pour se venger de celui-ci et de Bernardin, il se plut à

raconter que sa sœur Félicité avait été séduite
avant son mariage par l'auteur de *Paul et Virginie*
et qu'elle était morte tant elle avait été malheureuse. Quelle est la part de vérité contenue dans
ces allégations? Lorsque nous avons essayé de
faire le portrait de la jeune Félicité, nous l'avons
montrée légère, passionnée, sensuelle même,
mais point dévergondée; nous avons douté qu'elle
eût pu se laisser séduire, et nous n'aurions même
point mis en cause son honnêteté si nous n'avions
eu présents à la mémoire certains passages de
lettres, qui ne laissent pas de doute sur les rap-
ports très intimes qui existèrent entre les deux
amants.

Les baisers qu'ils échangèrent durent être nombreux, à en juger par la facilité avec laquelle ils
s'embrassaient par correspondance : « votre ami
vous embrasse [1] », écrit Bernardin, « vous finissé
par m'embrasser, moi je voudrois le faire »,
répond Félicité [2]. Lui donna-t-elle plus que ses
lèvres? certaines phrases semblent dire oui et
certains mots crier non : ce sont ces derniers qu'il

1. Lettre 3.
2. Lettre 4.

faut croire. « Sois ma colombe — dit Bernardin — je t'embrasse de tout mon cœur en te serrant dans mes bras, comme ton amant. puisque tu te dis ma meilleure amie et que tu ne pense être heureuse sans mon amitié, embrasse-moi donc de toute ton âme[1].... » .... « vous serés mon amie le jour, ma femme la nuit et ma maîtresse en tout tems[2].... » « .... je tembrasse de toute mon ame sur les yeux, sur ton cœur que je voudrois enflammer[3].... » La jeune fille a quelquefois des remords.... très faibles : « mon ami je me reproche comme égarement les marques d'Amitiez que je vous donnois ici les trouvant bien opposées aux règles que je m'étois prescrites : mais... pourquoi me dige me faire un Crime, de ce que je prodigue sans auqu'un scrupule à l'Amie qui est présentement avec moi la diference de sexce peut elle en aître la raison quand au contraire elle pourroit rendre Généralement moins indissoluble les liens qui unissent ensemble;.... je vous embrasse de toute mon Ame, et malgré

1. Lettre 10.
2. Lettre 5.
3. Lettre 12.

mes foibles remors voudrois je vous jure le faire réelement [1]. »

Doux baisers de fiançailles, dira-t-on ; mais alors que signifient ces mots de Félicité : « ... je me suis singulierement écartée des principes que je m'ettois dictée, depuis que jai ete porté de connotre combien l'amour est dangereux si l'on ne sait y résister, puissaige bientot avoir lieu d'oublier ma faute en resserrant des nœux indispensable de mon bonheur... voici deux nuits que je passe entierement blanche... n'ayant pas l'occassion de te communiquer la chaleur de mon amour par mes baisés brulant, la nuit ce ressent de notre séparation [2].... » Que veulent dire aussi ces paroles équivoques de Bernardin : « si j'ai allumé en toi quelque flame trop active, ne t'y livre point jusqu'a ce que je puisse l'éteindre. cest en moi quest le remede a ton mal. mon portrait ny peut rien [3].... » ; et dans une autre lettre : « pourquoi donc a tu des repentirs? si quelques faveurs superficielles sont des fautes, elles doivent sans doute etre sur

1. Lettre 11.
2. Lettre 30.
3. Lettre 20.

mon comte, puisque je les ai en quelque sorte arrachées. mais songe que lamour justifie tout et pardonne tout. si tu maime donc ne fais plus de reproches à ton amant [1]. » Et voilà que cette lettre révélatrice tombe entre les mains de la mère de Félicité! aussi la jeune personne qui voudrait bien embrasser son amant et le presser sur son cœur écrit-elle : « Mais je doutte que je puisse goutter ce doux plaisir, étant très persuadée que maman a decachetée une de tes lettres et précissément celle ou tu parle de faveurs arrachées, j'ai même remarqué en elle depuis ce tems un peu d'humeur, et je pense bien, d'après cela qu'elle va nous quitter moins que jamais : il n'est qu'un moyen dechaper à cette gêne cest de finir le plus promptement possible [2].... » Didot Saint-Léger n'avait-il point quelques raisons de dire que sa sœur avait été séduite?

Quoi qu'il en soit, il se plut à répandre ce bruit du vivant même de Bernardin, et ne cessa point après sa mort. On dit qu'il inspira de Las Cases, lorsqu'il écrivit ce passage du *Mémorial de Sainte-*

1. Lettre 32.
2. Lettre 34.

Hélène : « l'Empereur disait avoir été fort engoué de cet ouvrage (Paul et Virginie) dans sa jeunesse ; *mais il estimait peu le personnel de son auteur*; il ne lui pardonnait pas d'avoir mystifié sa générosité à son retour de l'armée d'Italie. « *La sensibilité, la délicatesse de Bernardin de Saint-Pierre, disait l'Empereur, ressemblait peu au charmant tableau de Paul et Virginie; c'était un méchant homme maltraitant fort sa femme, fille de l'imprimeur Didot, et toujours prêt à demander l'aumône, sans honte.* A mon retour de l'armée d'Italie, Bernardin vint me trouver et me parla presque aussitôt de ses misères. Moi qui, dans mes premières années n'avais rêvé que Paul et Virginie, flatté d'ailleurs d'une confiance que je croyais exclusive et que j'attribuais à ma grande célébrité, je m'empressai de lui rendre sa visite et laissai sur un coin de la cheminée, sans qu'on eût pu s'en apercevoir, un petit rouleau de vingt-cinq louis. Mais quelle fut ma honte quand je vis chacun rire de la délicatesse que j'y avais mise, et qu'on m'apprit que de pareilles formes étaient inutiles avec M. Bernardin, qui faisait métier de demander à tout venant et de recevoir de toutes mains ! Je lui ai toujours conservé un peu de rancune de m'avoir mystifié. Il n'en a pas été de même de ma famille : Joseph lui faisait une forte pension, et Louis lui donnait sans cesse [1]. » De Las Cases se rétracta, et, en 1824, dans la seconde édition de son *Mémorial*, retrancha seulement les phrases citées en lettres italiques. La *Biographie Universelle* de Michaud dit que tout le passage n'a point été réimprimé dans les éditions postérieures.

Aimé Martin, qui s'occupait à écrire un ouvrage sur celui qui avait été son maître, devait critiquer violemment l'attitude de Didot Saint-Léger et blâmer ses paroles qu'il jugeait mensongères. *L'Essai sur la vie et les ouvrages de Bernardin de Saint-Pierre* parut chez le libraire Méquignon-Marvis, en 1820. Didot Saint-Léger s'y trouva si vivement pris à partie qu'il n'hésita point à intenter à Aimé Martin un procès en diffamation, c'était en 1821 [2].

Durant ce procès Saint-Léger fit paraître une

---

1. De Las Cases : *Mémorial de Sainte-Hélène*; 1re édition, 1823, in-12, t. II, p. 173.

2. Quérard fit donc une erreur dans la *France littéraire* en disant que ce procès avait été intenté par le père de la première femme de Bernardin. (Quérard, t. VIII, p. 367.)

petite brochure anonyme, de 23 pages, ayant pour titre : *la Vérité, en réponse aux calomnies répandues dans un écrit intitulé : Essai sur la vie et les ouvrages de Bernardin de Saint-Pierre par L. A. Martin* (Paris, 1821, imprimerie de Didot Jeune, in-8). Il reprend, discute et critique dans cette plaquette les divers passages de l'*Essai* qui lui paraissent inexacts ou mensongers.

D'après Aimé Martin, de Saint-Pierre n'aurait dû avoir que peu de reconnaissance à la famille Didot pour la publication de ses *Études*; Saint-Léger montre au contraire tout ce que Pierre-François Didot avait fait pour éditer ce livre. Sur le mariage de Félicité, *la Vérité* contient cet intéressant passage : « M. A. Martin a parfaitement senti en cette occasion le besoin d'une réticence indispensable pour que la délicatesse de son héros ne fût pas compromise. L'attachement de Mlle Didot pour Bernardin de Saint-Pierre, qui avait plus de deux fois son âge (il avait cinquante-sept ans, et Mlle Didot n'en avait pas vingt), devait être présenté comme libre, spontané, dégagé de toute suggestion provocatrice. C'est ce qu'a fait M. A. Martin. S'il eût ajouté que Bernardin de Saint-Pierre n'avait pas négligé les moyens de faire naître l'illusion dont il a su profiter; que le charme de son style épistolaire, que des attentions habilement combinées et d'un effet infaillible sur une jeune fille sans expérience avaient fixé dans le cœur de Mlle Didot le sentiment profond qui a décidé de son sort, M. A. Martin aurait été un historien rigoureusement exact : mais c'est ce qu'il ne voulait pas être. » Et, en note, Saint-Léger ajoute : « Dans une lettre adressée à Mme Didot mère, longtemps avant son mariage, M. de Saint-Pierre la dispensait assez adroitement du soin de lui répondre, en insinuant que Mlle Didot pourrait le faire à sa place[1]; et cette proposition est hasardée à travers force choses aimables et flatteuses pour l'amour propre de la jeune personne. »

Aimé Martin déclarait que Bernardin avait souffert des « passions haineuses qui divisaient sa famille ». Léger Didot lui répondait en visant directement son beau-frère : « La vie des écrivains célèbres est dans leurs ouvrages.... Il en

---

1. Voir la lettre que nous citons à la note 1 de la page 55.

est plus d'un qui, honorés de la faveur publique, ont été dans leur vie privée exigeans, tracassiers, d'une avarice sordide jusqu'au ridicule, souvent même d'un égoïsme révoltant; mais les familles qui en ont fait la pénible expérience sauraient se taire, si des provocations injurieuses et publiques pouvaient rester sans réponse. »

Félicité mariée n'a point été malheureuse, expliquait Aimé Martin; ceux qui l'ont prétendu sont des calomniateurs : il suffirait pour les confondre de publier les lettres très intimes que s'adressaient les deux époux; mais ces secrets de famille ne seront pas livrés au public. « Non, Monsieur Aimé Martin — était-il répliqué dans *la Vérité*, avec un bel élan d'indignation et de sincérité —. la famille Didot jeune le déclare à regret puisque vous l'y forcez, on n'a pas calomnié M. de Saint-Pierre, on a gémi sur une victime.... Et si vous en avez le courage, accusez-en et sa mère, et ses frères, et tous ses parens.... Vous parlez de lettres! eh! monsieur, la famille aussi a des lettres! Elle en a où le fatal mot de divorce est prononcé! Ce mot que M. Bernardin de Saint-Pierre lui-même n'a pu taire, qui se trouve tracé et avoué dans une lettre de sa propre main[1] : réfléchissez à ce qu'il y a de force, à ce qu'il suppose de souffrances, pour être échappé à une jeune femme docile et dévouée, qui, en recevant sa main, avait cru s'unir au génie de la gloire et du bonheur!... C'en est assez, c'en est trop même sur ce sujet pénible. Ah! que le panégyriste de Bernardin de Saint-Pierre eût bien plus respecté sa mémoire! quel gage sincère d'intérêt et d'attachement il eût donné à ses enfans et à leur mère, s'il eût jeté un voile officieux sur ces calamités domestiques, au lieu de les révéler lui-même, en cherchant à les cacher sous d'odieuses insinuations contre la famille qui en a le plus souffert! »

Et Léger Didot terminait en prenant à partie Mlle de Pelleporc; car, Aimé Martin n'ayant connu Bernardin que dans ses dernières années, bien des circonstances de sa vie n'avaient pu lui être révélées que par sa veuve, et cette femme, qui avait remplacé Mlle Didot pour être la protectrice et la deuxième mère de ses enfants, se con-

1. Il est question ici de la lettre 68.

duisait — disait-il — d'une façon étrange, puisqu'elle dédiait au roi un ouvrage tout rempli de diffamations contre leur famille !

Aimé Martin avait été un peu loin dans son appréciation de la conduite de Didot Saint-Léger, aussi, malgré son avocat Me Berrier, le tribunal le condamna-t-il, le 18 mai 1821. Aimé Martin en personne fit tous ses efforts pour prouver le mal fondé des paroles dites par Saint-Léger, et justifier ainsi ce qu'il avait écrit sur ce dernier; il dut même soumettre à ses juges les lettres que nous publions, afin qu'ils apprécient l'amour des deux fiancés et la tendresse des deux époux; mais je crois qu'il ne leur montra point tout. En effet la plupart de ces lettres portent, en marge, des suscriptions au crayon; l'on y voit le mot : *bon*, qui voulait dire sans doute : passage à lire au tribunal; en tête de l'une d'elles on lit cette mention, écrite à l'encre : « lettre qui prouve qu'il ne l'a point séduite [1] »; les phrases trop sentimentales ou trop tendres — celles, par exemple, que nous avons citées en nous demandant si Didot

_____

1. Lettre 4.

Saint-Léger n'avait point quelques raisons de dire ce qu'il avançait — ainsi que celles qui rappellent les discussions entre les frères ou qui traitent de questions d'argent, sont accompagnées du mot *non* ou *inutile* : Aimé Martin ne voulait point les montrer.

Mais les juges de la police correctionnelle ne se laissèrent point influencer, et, « considérant qu'il n'y avait pas lieu d'admettre la preuve des faits imputés, puisqu'il ne s'agissait pas d'un fonctionnaire public, et que le fait de diffamation et d'injure résultait d'un passage cité de la notice... », ils condamnèrent Aimé Martin à 300 francs d'amende, à 1 000 francs de dommages-intérêts, et à la suppression du passage incriminé. Le perdant fit aussitôt appel, et, le 31 mai, la Cour, « écartant le fait de diffamation », réduisait l'amende à 16 francs, les dommages et intérêts à 25, mais ordonnait la suppression du passage, qui, dans les éditions postérieures du volume, fut remplacé par des lignes de points. Didot Saint-Léger, peu satisfait de cet arrêt, alla en cassation, mais la Cour suprême rejeta son pourvoi et confirma purement et simplement l'arrêt des juges d'appel.

Le rôle de défenseur que s'était tracé Aimé Martin n'était pas terminé. En effet, la *Biographie Universelle* publia un article sur Bernardin de Saint-Pierre, où sa conduite était, là encore, sévèrement critiquée : les biographes décidément étaient durs pour l'auteur défunt. Aussi l'apologiste ordinaire de Bernardin prit-il de nouveau la plume pour présenter sa défense, et composa, en 1826, un *Supplément à l'Essai sur la vie et les ouvrages de Bernardin de Saint-Pierre renfermant l'histoire de sa conduite pendant la Révolution, et de ses relations particulières avec Louis, Joseph et Napoléon Bonaparte* (Paris, imprimerie de Tastu, in-8). Il s'éleva vigoureusement contre les imposteurs qui se plaisaient à diffamer et à calomnier un homme dont la vie — disait-il — était irréprochable ; il parla avec un courage et un... parti-pris qu'il ne faut point méconnaître et que l'on devrait presque louer : le second mari est généralement moins tendre à la mémoire de son prédécesseur !

Bernardin ne pouvait sortir indemne de toutes ces attaques ; aussi ses admirateurs et ses amis jugèrent-ils qu'ils avaient pendant longtemps encore à défendre sa mémoire, et jusque vers 1860 ce fut une floraison de plaidoyers en sa faveur. En 1856 M. Meaume, qui fut avocat et qui devait avoir la monomanie de la défense, ayant entre les mains une partie des lettres que l'on va lire, trouva qu'en les tronquant et en en détachant certaines phrases, il pourrait écrire une apologie de celui qu'il croyait calomnié et méconnu. Il fit une plaquette d'une extraordinaire partialité. Il y déclare que ces lettres devraient être publiées, mais il se garde de le faire et se contente d'en accommoder certains passages à sa manière en les interpolant; il se rendait compte, en effet, que s'il les montrait toutes au grand jour il n'atteindrait point — au contraire — le but qu'il s'était proposé et qu'il ne pourrait plus écrire ce qu'il voulait conter : la Légende de Saint Bernardin.

Toujours conforme à des sentiments naturels, spontanés, irréfléchis, et par cela même faite pour plaire aux simples, la légende n'est point facile à détruire; cela est vrai surtout de la légende littéraire, et davantage encore lorsque celle-ci concorde avec l'idée que nous donnent de lui les ouvrages d'un écrivain. Aussi n'avons-nous point

été surpris de voir, en 1902, dans des notes paléo-
graphiques publiées par la *Revue d'Histoire littéraire de la France* [1], M. le lieutenant-colonel
Largemain reprendre le thème ancien, et écrire
des variations sur un air connu. Sa seule excuse
est d'avoir obéi au sentiment, louable, mais exa-
géré, du culte de la famille : il a voulu faire de
Bernardin, son parent, le modèle des amants, des
maris et des pères, et il a voulu cela malgré la
preuve évidente du contraire. Heureux d'avoir
trouvé dans le *Dictionnaire de la Conversation* de
Jules Sandeau une opinion conforme à la sienne [2],
M. Largemain, de derrière ce rempart, tiraille
sur les biographes qui, prétend-il, ont calomnié
Bernardin de Saint-Pierre, parce qu'ils se sont
refusés à lui reconnaître des vertus que celui-là
même, sans doute, n'avait jamais dû songer à
acquérir; et la partialité de cet écrivain pourrait

1. Juillet 1902, p. 271.
2. Voici le passage écrit par Jules Sandeau : « On a accusé
Bernardin de Saint-Pierre de n'avoir point aimé sa première
femme et de l'avoir rendue malheureuse. Nous sommes telle-
ment convaincus qu'un homme se met tout entier dans ses
ouvrages et que toute œuvre de génie porte l'empreinte du
cœur où elle a été moulée, que cette accusation nous semble
une puérile calomnie, à laquelle *Paul et Virginie*, les *Harmonies*
et les *Études* répondent assez hautement. »

être excusable — car elle serait celle d'un aveugle — s'il n'avait fort bien vu que, pour défendre la thèse insoutenable qu'il adoptait, et pour le faire, comme il le voulait, en publiant certaines lettres de Bernardin et de Félicité, il lui fallait pratiquer des coupures dans ces épîtres, en faire des extraits, en supprimer les passages gênants et grouper en un bouquet les phrases décisives afin de les offrir au lecteur inaverti[1]. « Aucune preuve n'a pu être apportée contre Bernardin calomnié. Les écrivains consciencieux et indépendants lui ont rendu justice », écrit M. Largemain, qui nous apprend ainsi, choses curieuses, que le critique consciencieux est celui qui laisse dans l'ombre tout ce qui pourrait gêner sa thèse, et que l'indépendance pour un homme de lettres consiste à être inféodé à une coterie et à être, de parti pris, de l'avis de ses prédécesseurs.

---

1. En outre, en reproduisant les lettres, dans son article, M. Largemain n'a nullement respecté le texte de Bernardin et de Félicité; il a même ajouté des mots, lorsque les phrases sont restées inachevées. Il s'est de plus très souvent trompé, en voulant faire concorder les dates de notre calendrier avec celles du calendrier républicain, et n'a enfin cité aucun des nᵒˢ des dossiers de la Bibliothèque du Havre où se trouvent les lettres qu'il a publiées.

Telle n'est point notre opinion; c'est pourquoi nous avons publié ces lettres, toutes, en entier, telles qu'elles furent écrites : l'on pourra voir ainsi quel homme fut l'auteur de *Paul et Virginie*. Ne sommes-nous pas au temps des destructeurs de légendes?

LA FAMILLE DIDOT
Tableau de Marchais
(*Appartient à la famille Gélis*)

LETTRES

ÉCRITES AVANT LE MARIAGE

(ANTÉRIEURES AU 27 OCTOBRE 1793)

(TRENTE-HUIT LETTRES)

L'ordre chronologique des lettres écrites *avant le mariage*, tel que l'a établi Aimé Martin, dans le troisième volume de la *Correspondance de Bernardin de Saint-Pierre*, ne nous paraît pas exact. Pour nous, c'est Félicité qui, la première, écrivit à Bernardin ; et cela n'est point pour surprendre, car nous savons que ce dernier demanda à Mme Didot mère qu'elle laissât sa fille écrire à sa place[1]. A la seconde lettre de la jeune fille, Bernardin répondit par une lettre qu'Aimé Martin a classée la troisième de la correspondance im-

---

1. Voici du reste une lettre de Bernardin, adressée à Mme Didot, dans laquelle il exprime le désir de voir Félicité lui répondre. Cette lettre est datée, de Paris, du 25 septembre 1792 (c'était un mardi) ; — elle est signée, — oblitérée, — porte

primée, et qui est, selon nous, la première de l'auteur de *Paul et Virginie*.

une adresse; — elle se trouve à la Bibliothèque du Havre (dossier 195, p. 7 et 8); — inédite.

> *A Madame*
> *Madame Didot le jeune à*
> *la papeterie d'Essonnes*
> *à Essonnes.*

Madame

« J'ai trouvé Paris aussi tranquille que votre maison. Mr Bailly m'a envoyé chercher 25 Paul et Virginie, papier vélin, quoique le commerce aille peu. J'ai été hier au soir causer une heure avec lui. J'ai été occupé depuis mon arrivée des affaires du Jardin des Plantes, et je pars, pour cet objet, jeudi matin, pour Versailles, conformément à la lettre d'avis qui a décidé mon départ et que je vous ai communiquée. J'ai invité deux de mes collègues Mr Thouin et Desfontaines à m'accompagner. Je serai de retour au plus tard dimanche matin, ayant un rendez-vous avec Mr Moreau. Quoique cette petite vacance à la campagne me promette quelques jours de plaisir, je regrette ceux que j'ai passés dans le repos, dans votre société à Essonnes. Je me rapelle toujours, les roches du bord de la Seine, et cette habitation solitaire entourée de cerisiers et de vignes qui les domine. J'y passerais volontiers ma vie au sein de l'amitié, avec quelques livres.

« Je ne compte m'occuper de mes affaires personnelles qu'à mon retour. Je vais passer chez mon voisin que je n'ai pas encore eu le temps de voir; je vous prie de lui renvoyer son cheval par l'occasion la plus prochaine; je tiendrai compte des frais, ainsi que de sa dépense depuis plus de trois semaines, car il n'est pas juste qu'elle soit à votre charge, puisqu'il n'a rendu aucun service dans votre maison.

« Mr Didot, que je croyais trouver sur son départ pour Essonnes, est allé chez la belle mère future de son fils aîné. Mr Bailly devait partir ce matin pour voir son épouse et ses enfants à Montlhéry d'où il doit être de retour ce soir.

« Rappelez-moi je vous prie aux souvenirs de Mr Réal et Béquin, de M^r et Me Garchéry. Je pense que leur pays ne tardera pas à se tranquilliser, si la promesse du g^{al} du Morier

Afin de ne point imposer au public une lecture difficile et fatigante, nous avons pensé, avec les éditeurs, qu'il était préférable de corriger l'orthographe et la ponctuation employées par Bernardin et Félicité. Les fautes qu'ils commettaient sont si nombreuses, que le texte en est parfois tout embrouillé : l'on s'en apercevra en lisant les deux lettres que nous reproduisons en fac-similé. Toutefois aucune modification n'a été apportée aux adresses des lettres.

---

1. — DE FÉLICITÉ DIDOT[1].

A Monsieur
Monsieur de Saint-
Pierre

Monsieur,

[Tout le temps que je fus au magasin vos ouvrages ont toujours eu le succès qu'ils méritent et je

s'effectue. Il annonce à la Convention nationale que dans deux ou trois jours les prussiens avec lesquels il a eu affaire seront réduits aux abois, attendu qu'ils manquent de vivres : les succès de nos armées assureront la tranquillité du Royaume.

« Le temps me presse et je n'ai que celui de vous réitérer les assurances de mon sincère attachement et de ma reconnaissance.

« DE SAINT-PIERRE.

A Paris, ce 25 septembre 1792, l'an 4 de la liberté, 1er de l'égalité

« Chargez Mlle Félicité de votre réponse; j'embrasse l'aimable sécrétaire.

« Le col qui n'est pas marqué est à moi, à ce que m'a dit Madelon; je l'ai laissé dans la chambre. »

1. Sans date, mais de Paris, et probablement d'août 1792; —

ne doute pas que ce ne soit toujours de même [1]....]

Mais c'est dont maman vous rendra bien mieux compte que moi, étant obligée de garder la chambre; un très gros rhume, qui me donne de la fièvre et m'ôte absolument l'appétit, m'y oblige; je vous suis infiniment obligée de votre attention : cette charmante rose est d'un grand prix pour moi; je voudrais aussi avoir quelque chose à vous offrir, ce serait de grand cœur; mais vous conservez depuis trop longtemps mon estime et c'est dans ce sentiment que je suis [2], Monsieur, votre très humble servante.

F^{TÉ} DIDOT.

2. — DE FÉLICITÉ DIDOT[3].

A Monsieur
Monsieur De St Pierre

Monsieur,

Enfin maman paraît décidée, et nous partirons, je pense, ce soir. J'en suis très satisfaite par rapport à elle, dans l'espérance qu'éloignée du tumulte et n'ap-

porte une adresse, — pas oblitérée, — signée, — inédite en grande partie. — Cette lettre se trouve à la Bibliothèque du Havre (dossier 201, p. 17 et 19).

1. Le passage entre crochets a été cité par M. Maury.

2. Après : *suis*, il y a un mot rayé; c'était : *M^r*.

3. De Paris, le 18 août 1792; — porte une adresse, — pas oblitérée; — signée; — inédite. — Cette lettre se trouve à la Bibliothèque du Havre (dossier 157 : 128. B. 59. — 129. B. 60).

pren.... [1] les nouvelles que lorsqu'elles seront bien confirmées, d'ailleurs le moins possible, elle pourra trouver plus de tranquillité, ce qui certainement facilitera aussi la mienne ; mais, d'un autre côté, un grand point lui manquera : ce sera vous, Monsieur ; car soyez bien persuadé que malgré toute la peine qu'elle a dû vous causer hier, tant par les petites tracasseries auxquelles vous avez répondu avec tant de modération et de douceur que par la manière repoussante dont elle recevait les consolations que vous cherchiez à lui donner, elle n'en a pas moins le plus grand attachement pour vous, et je doute qu'il y ait au monde quelqu'un en qui elle ait plus de confiance. Jugez d'après cela quels [2] pourront être ses motifs de consolation, lorsque, emportée par sa sensibilité, elle se mettra dans l'état où vous l'avez vue tant de fois puisque vous-même avez tant de peine à la calmer....

Je ne vous parle que d'elle, mais moi, que deviendrai-je, moi qui sans maman ne vois aucun motif pour aller à la campagne, car ce qui me fait le plus frémir dans ces malheureuses affaires n'est point le danger que je puis courir, mais bien plus la division de ma famille, le bouleversement des affaires, peut être la perte de mes frères, mes parents, mes amis, de tout ce que j'ai de plus cher et enfin toutes les hor-

1. La fin du mot : *appren....*, se perd au bord du feuillet de la lettre.
2. Après : *quels*, le mot : *seront*, a été rayé.

reurs qui accompagnent la Guerre Civile ; voilà ce qui m'accable, et ce que je n'éloignerai pas de ma pensée, en m'éloignant moi-même ; et vous! qui après Dieu faites toute ma consolation, s'il faut aussi vous quitter que deviendrai-je, et quelle espèce de bonheur puis-je espérer à Essonnes? Je sais que les raisons sont peu valables auprès de celles qui peuvent vous obliger de rester à Paris ; mais vous êtes bon, sensible, vous m'avez souvent témoigné de l'amitié, au nom de cette amitié, à laquelle j'ose croire, venez adoucir nos peines par votre présence et vos sages réflexions, et soyez bien persuadé que, malgré tout événement, s'il est encore quelques jours heureux pour Félicité, ce sont ceux qu'elle passera avec vous, à la campagne ; comme, avant notre départ, vous nous aviez fait espérer quelque possibilité dans la grâce que je vous demande, je suis, dans cette espérance, celle qui sait beaucoup mieux aimer que de le faire sentir.

F^{TE} DIDOT.

Ce 18 août 1792 [1].

3. — DE BERNARDIN DE SAINT-PIERRE [2].

Vous me priez de mon plaisir, mon aimable Félicité. Je désire la campagne et d'y être avec vous. Mes

---

1. C'était un samedi.
2. Écrite de Paris — sans date, mais probablement du

devoirs me retiennent à Paris encore pour plusieurs jours; ensuite, si les circonstances me le permettent, je satisferai mon inclination en vous allant voir.

Ne vous laissez point effrayer par la vue de l'avenir. « Quand les hommes, dit Epictète, sont au comble du bonheur, ils n'imaginent pas qu'ils en puissent descendre; et quand ils vont dans l'abîme du malheur, ils ne voient pas comment ils en pourront sortir. Cependant l'un et l'autre arrive, et les dieux l'ont ordonné ainsi; afin que les hommes sachent qu'il y a des dieux. »

Que ces motifs tout-puissants de consolation vous servent à rassurer votre mère et vous-même; et soyez sûre que le ciel récompensera tôt ou tard votre vertu.

La lettre que vous venez de m'écrire est pleine de raison et de sensibilité. Fortifiez l'une et l'autre par la lecture des bons livres. Je m'estimerai heureux d'y contribuer personnellement. Dans des temps plus tranquilles, j'aurais cherché à faire de vous mon élève; dans ces temps orageux, je désire faire de vous mon amie. Bannissez donc de vos lettres l'expression froide de *monsieur* [1]. Suppléez-la par toutes celles que vous

20 ou 21 août 1792; — la première, croyons-nous, envoyée par Bernardin à Félicité; — imprimée par Aimé Martin avec le n° 3, avec le n° 1 dans notre publication de la *Revue des Deux Mondes*. — Au bas de cette lettre Félicité Didot a écrit : « Reçu le 22 août 1792. Jour heureux pour Félicité. » — Le texte que nous publions est conforme à l'imprimé d'Aimé Martin, le manuscrit ne nous étant pas parvenu.

1. Ce mot est souligné dans le texte.

trouverez dans votre cœur fait pour aimer et pour être aimé. Quoique des correspondances en tout genre m'obligent d'abréger mes réponses, la vôtre me servira de consolation. Plus elle sera étendue, plus elle m'intéressera. Mon âme, fatiguée de la corruption des sociétés, se reposera sur la vôtre, douce, pure, solitaire, aimante, comme un voyageur sur un gazon frais.

Les affaires publiques m'obligent d'abréger le plaisir que je prends à vous écrire. J'entends par affaires publiques celles qui regardent mon service, car je ne sais point de nouvelles. J'appris hier, au jardin[1], où je vous cherchais, que vous étiez partie pour Essonne. Mandez-moi le plus tôt que vous pourrez ce que vous pensez dans votre solitude. Avez-vous des livres? Oh! que la nature est un grand et sublime livre! Occupez-vous dans vos promenades du soin de me chercher une chaumière au milieu des bois, dans une lande; tout me sera bon : c'est là que mon cœur resserré s'épanouira. Adieu, mon aimable Félicité, votre ami vous embrasse. Je verrai ce soir votre maman.

1. Probablement au Jardin des Plantes.

4. — DE FÉLICITÉ DIDOT [1].

A Monsieur
Monsieur de Saint-Pierre
Auteur des Études de la Nature
Rue de la Reine Blanche
A Paris.

[Quelle obligation ne vous ai-je point, ô le plus indulgent des hommes, de ne point avoir dédaigné répondre à ma lettre et de m'encourager avec tant de bonté à continuer. Il est impossible de vous peindre le plaisir que m'a causé la vôtre dans les temps où nous sommes. J'ai déjà bien versé des larmes de tristesse, et vous m'en faites répandre de joie,] ce sera désormais une de mes grandes consolations, en lisant votre lettre je me trouverai moins à plaindre et au contraire fort heureuse....

Je suis pourtant ici beaucoup plus tranquille qu'à Paris : la campagne est bien faite pour inspirer le calme; la seule chose qui me fâche est de n'y point voir maman [2], car je suis persuadée qu'elle est tou-

1. D'Essonnes, le 24 août 1792; — signée; — porte une adresse; — oblitérée; — ne figure pas dans la Correspondance imprimée; porte le n° 2 dans la publication de la *Revue des Deux Mondes*; avant nous, M. Maury en avait cité deux courts fragments, mis entre crochets; — en haut de la lettre, écrits à l'encre, sans doute par Aimé Martin, ces mots : « lettre qui prouve qu'il ne l'a pas séduite. » Cette lettre a le n° 33 dans la collection Gélis-Didot.

2. Les mots : *voir maman* ont été oubliés et écrits au-dessus de la ligne.

jours aussi prompte à s'affliger. Je désirais aussi y posséder une autre personne [1] également chère à mon cœur; mais j'attendrai du temps cette aimable société....

Je n'ai point d'autre livre présentement qu'un abrégé de l'histoire moderne par l'abbé de Condillac; je n'ai pu encore en lire beaucoup ayant eu plus de monde que je n'aurais désiré, mais le peu que j'ai lu m'intéresse : en voyant de tout temps des révolutions, les unes fortes, les autres moindres, je prends du courage pour attendre la fin de la nôtre....

Ne pensez-vous donc plus à votre petite île [2] en me chargeant de vous chercher une chaumière, puisque vous êtes décidé à y mettre le prix; j'espère bien que nous aurons le bonheur de vous y voir; pour moi c'est l'endroit que je vous souhaite le plus étant fort agréable et le plus voisin de chez nous....

Vous voyez que je ne tarde pas à profiter de la permission que vous me donnez, et que je ne suis pas non plus très laconique; d'ailleurs c'est une chose qui me paraît impossible en vous écrivant, [je dis toujours moins que je ne voudrais dire et ma plume est bien mauvaise interprète de mes sentiments]; adieu, mon ami; puisque vous voulez l'expression de mon cœur, voilà le nom qu'il vous avait choisi, et en vous le

1. Après : *personne*, il y a, dans le texte, un mot rayé, illisible.

2. Après : *île*, il y a, dans le texte, deux mots rayés, illisibles.

donnant, il en connaissait, je vous jure, tout le prix ; vous finissez par m'embrasser, moi je voudrais le faire.

FÉLICITÉ.

le 24 août 1792.

5. — DE BERNARDIN DE SAINT-PIERRE [1].

J'aspire, mon aimable enfant, après l'instant heureux où vous serez ma compagne. Tout plaisir qui ne se combine pas avec cette idée ou qui la devance est imparfait et dénaturé [2].

Je suis triste, et c'est à l'égard de moi-même. Je ne serai content que quand je ferai votre bonheur ; je ne peux l'entreprendre que dans une vie conjugale ; je demande à Dieu d'en accélérer le moment [3]. Ma tendre amie, jamais je n'ai aimé et [4] estimé personne comme [5] vous. [Vous serez mon amie le jour, ma femme la nuit et ma maîtresse en tout temps [6].] Vous avez tout

1. Sans indication de date, ni de lieu, mais probablement d'août 1792 ; — pas signée ; — sans adresse ; — pas oblitérée ; — imprimée par Aimé Martin (sauf un passage mis entre crochets) en tête de sa publication ; il nous a semblé, avons-nous dit, qu'il était préférable de changer cet ordre, et de mettre cette lettre à cette place-ci. Cette lettre porte le n° 1 dans la *Correspondance imprimée*, et dans la collection Gélis-Didot.

2. Aimé Martin a supprimé : *et dénaturé*.

3. En marge de ce passage on lit le mot : *bon*, écrit au crayon.

4. Aimé Martin imprime : *ni*.

5. Le mot : *comme*, est raturé.

6. Aimé Martin a supprimé cette phrase.

ce qu'il faut pour mon bonheur, il ne vous manque rien d'essentiel pour être ma compagne. Si vous [1] avez besoin de quelque instruction accessoire, j'aurai le plaisir de vous la donner. Il vous convient, par exemple, d'avoir quelques notions du globe que nous habitons, afin de jouir d'une multitude d'ouvrages intéressants, dont la lecture fatigue, faute d'en comprendre une douzaine de mots. Oh! que ne puis-je bientôt vous voir mère de famille, dans l'asile que je me suis choisi! Voilà l'étude digne de vous. Être bonne à vos voisins, attentive et indulgente pour vos [2] domestiques, prévoyante pour les besoins de votre maison, mère tendre pour vos enfants, et ma compagne aimante et aimée en tout temps [3], telle est la carrière que vous devez parcourir. Puissé-je bientôt, tendre et aimable amie, vous y introduire, afin de [4] renouveler la mienne.

Je vous embrasse de tout mon cœur.

6. — DE BERNARDIN DE SAINT-PIERRE [5].

Vous vous exprimez, ma chère amie, avec beaucoup de délicatesse, lorsqu'en parlant de vos devoirs, vous

1. Les mots : *si vous* sont raturés.
2. Les mots : *pour vos* sont raturés.
3. Après : *temps*, il y a dans le texte un mot rayé, illisible.
4. Aimé Martin imprime : *d'y.*
5. Sans indication de lieu, ni de date, mais probablement d'août 1792; — pas signée; — sans adresse; — pas oblitérée; —

me dites que votre secret vous est inviolable parce qu'il est le mien. Nos âmes se touchent; un jour elles se confondront ensemble.

J'ai vraiment besoin de secret avant et après notre union. Je ne conçois de séjour heureux que celui de la campagne; il faut donc avant tout en préparer un. Voici quel est mon plan. Comme je le forme pour votre bonheur et le mien, je le soumets entièrement à vos lumières.

Je déclarerai à M⁰ votre mère le désir que j'ai de m'unir à vous. Je lui demanderai son agrément. Je ferai la même démarche auprès de M⁰. votre père. Je les engagerai l'un et l'autre au secret pour plusieurs raisons; à cause de la disproportion de votre âge au mien; à cause de ma place incertaine, et qui m'obligerait à une représentation trop dispendieuse si j'étais marié. Je ne leur demanderai que la même dot qu'ils vous avaient destinée, de manière que M⁰. votre père s'obligera de faire l'acquisition de la petite île, de la faire bâtir suivant le plan simple et commode que je lui donnerai ¹, pour la somme de dix mille livres, à laquelle il ajoutera le restant de votre dot, montant à 30 mille livres (je pense), et me livrera l'île bâtie, et

entièrement publiée par Aimé Martin, pas à cette place. Cette lettre a le nᵒ 2 dans la *Correspondance imprimée* et dans la collection Gélis-Didt.

1. Après : *donnerai*, il y a dans le texte plusieurs mots rayés, illisibles.

cette somme ou une de ses [1] maisons de Paris [2] de pareille valeur, au moment où il signera [3] notre contrat de mariage.

Avant que la maison soit bâtie et habitable [4] il s'écoulera trois mois : c'est vers ce temps que vos parents se retireront à Essonnes. Vous y serez avec eux, j'irai vous [5] y épouser. J'aurai une maison, une île, une femme, sans que personne en sache rien à Paris. Je vous installerai dans mon île, avec une vache, des poules et Madelon qui s'entend à merveille à les élever. Vous y aurez des livres, des fleurs [6], le voisinage de vos parents. J'irai vous y voir, certes, le plus souvent que je pourrai. Pendant ce temps-là, mon état incertain se consolidera à Paris; s'il est détruit, je vous ramènerai au bout de deux ou trois mois de mariage, dans mon hermitage de la rue de la Reine Blanche, où notre union ne fera point de bruit. Si mon état est permanent [7], je vous garderai quelques jours auprès de moi, dans l'Intendance, où vous aurez une chambre à côté de la mienne. Vous n'y serez tenue à aucune représentation, à cause du peu

1. Les mots : *de ses* ont été oubliés et ajoutés au-dessus de la ligne.
2. Les mots : *de Paris* sont difficiles à lire.
3. Le mot : *signera* est raturé.
4. Le mot : *habitable* est raturé.
5. Le mot : *vous* est raturé.
6. Après le mot : *fleurs*, Aimé Martin imprime le mot : *et* qui n'est pas sur le manuscrit.
7. Le mot : *permanent* est raturé.

de séjour que vous y ferez. Je ne vous y ferai apparaître que pour qu'on sache seulement que vous êtes ma femme. Ensuite, nous irons et viendrons nous voir alternativement, à peu près comme l'homme et la femme des petits baromètres de Suisse, vous viendrez à Paris dans l'hiver et moi j'irai à Essonnes dans l'été.

Voilà, ma chère amie, quel est le plan de vie que je fais pour vous et pour moi. Ajoutez-y ou retranchez-en ce que vous voudrez, mon principal objet est votre bonheur.

7. — DE FÉLICITÉ DIDOT [1].

D'Essonnes. Le 27 août.

Permettez-moi, mon ami, de profiter de l'occasion que je trouve pour vous écrire; si j'abuse de votre complaisance, ne me lisez que lorsque vous n'aurez rien de mieux à faire, mais laissez-moi jouir du bonheur que j'éprouve en vous écrivant [2], communiquant mes plaisirs et mes peines....

Malgré tous les sujets de tristesse qu'offre la révolution, et les mauvaises nouvelles que nous apprend le peu de monde que nous voyons, je me trouve ici

1. D'Essonnes; — le 27 août (1792); — signée; — sans adresse; — pas oblitérée; — inédite. — Cette lettre se trouve à la Bibliothèque du Havre (dossier 157 : 130. B. 61. — 131. B. 62).

2. Le mot : *écrivant* est raturé.

mille fois plus tranquille qu'à Paris. Je ne sais quel doux sentiment s'est emparé de moi; ô![1] mais je suis réellement ici dans une situation digne d'envie; la solitude a toujours produit sur moi cet effet. Recueillie en moi-même, je me console mieux que tout autre ne pourrait faire; là, j'ai toujours trouvé de grandes jouissances, plus tranquille; je pense à mes amis, et, occupée de ce qu'on aime, on est loin d'être à plaindre. Le malheur est que je suis toujours tirée de cette douce rêverie par des personnes qui m'alarment. Les uns prétendent que le camp formé[2] aux Champs-Élysées doit être un sujet de crainte plutôt que de tranquillité; ils disent qu'on emploie ce moyen pour réunir les mauvais sujets, diviser encore davantage la Garde Nationale, et par là augmenter leur force, afin d'exécuter plus librement leurs mauvais desseins; d'autres nous assurent que sous peu nous aurons l'ennemi en France. Une lettre que nous avons reçue de Neuilly me donne plus d'inquiétudes sur ce sujet; il nous mande que la désertion[3] de M[r]. La Fayette et de son état-major, le laissant sans officier[4], il se trouve dans le cas d'être saccagé[5] au premier moment par les ennemis, qui ne sont qu'à une demi-lieue d'eux.

1. Les mots : *moi; ô!* sont difficiles à lire.
2. Les mots : *le camp formé* sont difficiles à lire.
3. La fin du mot : *désertion* est raturée.
4. Les mots : *sans officier* sont difficiles à lire.
5. Le mot : *saccagé* est difficile à lire.

Le danger qu'il court, et le mal qui peut en résulter pour toute la France, est certainement bien fait pour donner de la peine; d'un autre côté je pense que l'ennemi n'ayant point intérêt de nous saccager [1] tous, nous serions peut-être moins à plaindre que l'on ne l'imagine; il est certain que nous retomberio.... [2] dans l'ancien régime et sous un gouvernement surem.... [3] beaucoup plus dur et beaucoup plus despote que le premier, mais en est-il un plus à craindre [4] et plus cruel que celui où nous sommes; je me garderais bien de mettre ainsi ma façon de penser, si j'envoyais ma lettre par la poste (non pas que je craigne qu'il ne m'en résulte quelque chose, étant bien persuadée que je ne suis d'aucune [5] conséquence dans les affaires, et mon raisonnement d'ailleurs pouvant fort bien ne pas avoir le sens commun), mais dans la crainte qu'elle ne vous fût pas remise, en ayant déjà une d'arrêtée; ce qui m'inquiète le plus là dedans, c'est que la lettre était chargée et que le retard aura pu faire faute à Neuilly....

Tout est compassé [6] dans la vie, et si, d'un côté, j'ai

---

1. Le mot : *saccager* est difficile à lire.

2. La fin du mot : *retomberio....* se perd en dehors du feuillet.

3. La fin du mot : *surem....* est en dehors du feuillet de la lettre.

4. Après : *craindre*, il y a, dans le texte, trois mots rayés, qui semblent être : *que le premier*.

5. Le mot : *aucune* est difficile à lire.

6. La fin du mot : *compassé* est difficile à lire.

lieu d'avoir des craintes, d'un autre, j'éprouve ici bien
du plaisir; de jour en jour la nature me paraît plus
belle et plus intéressante; [je fus hier charmée d'un
spectacle qui me parut bien beau : ce fut celui du
lever du soleil; il est impossible de vous peindre les
sensations que j'éprouvai en ce moment, et le moyen
de n'en point être enchantée; les oiseaux mêmes y sont
sensibles, ce qu'ils font assez connaître par leur doux
gazouillement à ce moment; c'est en réfléchissant sur
ces beautés que je trouve des sujets de consolation,
et en pensant que vous voulez bien m'appeler votre
amie[1]], et, vous écrivant, je suis réellement tentée de
me croire heureuse malgré l'état où nous sommes et
auquel il est vraiment impossible de ne pas prendre
part; adieu, mon ami; je ne puis répéter ce nom
autant que je le veux.

F. DIDOT.

J'ai fait part à maman de la bonté que vous aviez
à mon égard, persuadée que vous ne vous en fâcherez
pas, et d'ailleurs n'ayant pas coutume de lui rien
cacher [2].

1. Ce passage est cité par M. Maury.
2. Les dix derniers mots sont difficiles à lire.

8. — DE BERNARDIN DE SAINT-PIERRE [1].

A Mademoiselle
Mademoiselle félicité Didot
a la papeterie d'Essonnes
A Essonnes.

[Vos lettres, Félicité, sont aussi raisonnables que si votre maman les avait dictées. Un peu d'impatience m'a fait écrire la dernière, mais je ne suis point offensé.] [2]

Je suis charmé de la paix que vous goûtez à la campagne. Je voudrais bien pouvoir la partager. Tous les jours nous avons ici de nouveaux orages; je vous exhorte, ainsi que votre maman, à [3] passer à Essonnes [4] le reste de la belle saison. Je ferai mon possible pour vous y aller voir dès que les barrières seront ouvertes. Il paraît que votre maman a de nouvelles vues pour le terrain de M. Hangard; mais il n'est point à vendre pour le présent.

Si le ciel m'a réservé encore quelques jours heu-

1. Du 31 août 1792; — sans indication de lieu, mais probablement de Paris; — pas signée; — porte une adresse; — oblitérée; — publiée par Aimé Martin, mais pas entièrement. — Cette lettre a le n° 4 dans la *Correspondance imprimée* et dans la collection Gélis-Didot.

2. Aimé Martin n'a pas imprimé ce passage.

3. Après *à* le mot *y* a été rayé.

4. Les mots : *à Essonnes*, oubliés, ont été écrits au-dessus de la ligne.

reux, je sens que je ne peux en jouir qu'à la campagne. Il m'est impossible de me livrer ici à aucuns travaux littéraires. Mon âme ne résiste aux maux qui l'environnent qu'en se resserrant. Comment pourrait-elle s'étendre aux objets de la nature dans les troubles de la société, elle n'a de forces que pour elle-même et pour quelques amis dont elle tâche d'adoucir les peines.

Parlons un peu de vos plaisirs. Je pense que vous pourriez augmenter ceux de votre solitude par l'étude de la botanique. Les plantes présentent des images agréables ; elles offrent une multitude de modèles des formes les plus vivantes. Vous y trouverez des patrons pour la broderie que vous aimez. C'est une bibliothèque [1] remplie de pensées profondes, ingénieuses, gaies ; il y en a pour tous les esprits [2] ; la nature les a [3] étendues sous les pas de l'homme et dans les arbres des forêts qui s'élèvent sur sa tête pour élever par degrés son âme jusqu'au ciel. L'amant, le philosophe, l'enfant, trouvent à y faire des [4] couronnes, des méditations et des bouquets.

Je voudrais être à portée de vous en donner les premières leçons, et vous couronner comme une nayade avec quelques jolies fleurs de joncs. Mais je

---

1. Après : *bibliothèque*, les mots *que la* ont été rayés.
2. Après : *esprits*, il y a, dans le texte, un mot rayé illisible.
3. Le mot : *a* est difficile à lire.
4. Après : *des*, le mot *bouquets* a été rayé.

ne sais si votre maman même retournera aujour-
d'hui[1] à Essonnes. Je compte dîner aujourd'hui chez
elle, et la charger de ma lettre. Si elle ne part point,
je la remettrai à la poste. Adieu, ma chère Félicité, je
suis surchargé d'écritures, et je ne me sens hâté de
vous écrire ces lignes que pour vous tirer d'inquiétude. Je vous embrasse de tout mon cœur.

ce 31 août 1792[2].

9. — DE BERNARDIN DE SAINT-PIERRE[3].

Il ne faut point veiller la nuit, mon amie. Les
veilles échauffent le teint. Vous m'écrivez à une
heure du matin, dites-vous[4] : quoique votre lettre

1. Aimé Martin a omis le mot : *aujourd'hui.*
2. C'était un vendredi.
3. Sans indication de lieu ni de date, mais probablement
de Paris et de septembre ou octobre 1792; — pas signée; —
sans adresse; — pas oblitérée; — imprimée dans la *Revue des
Deux Mondes* avec le n° 3; avant nous M. Maury en avait
publié un passage. — Bernardin dans cette lettre tutoie Félicité
pour la première fois; dans les lettres postérieures il lui dira :
vous, au début, et : *tu,* à la fin. — Aimé Martin a fait suivre
la lettre que nous avons publiée sous le n° 8, de deux épîtres,
écrites de Chantilly, par Bernardin, et datées d'avril 1793;
nous ne les reproduisons pas à la même place, ayant à publier,
avant elles, un grand nombre de lettres, antérieures à cette
date, inconnues d'Aimé Martin, et estimant, en outre, que même
parmi les missives imprimées, il y en a qui sont aussi antérieures au mois d'avril 1793. — Cette lettre porte le n° 38 dans
la collection Gélis-Didot.
4. Les mots : *dites-vous,* ont été oubliés et écrits au-dessus
de la ligne.

soit courte et charmante, je ne saurais vous approuver. Je préfère votre bonheur au mien. C'est par ce sentiment que je prends des arrangements pour l'assurer. Avant de pondre, l'oiseau fait son nid.

[Vous ne connaissez pas le monde, vous ignorez les peines qui vous y environneraient si vous étiez obligée d'y représenter dans un état au-dessus de votre fortune et de la mienne. Je ne parle pas de celles que l'envie vous y susciterait. Croyez-moi, il n'y a de bonheur que dans la solitude et aux champs, loin du trouble et de la corruption des villes. Par exemple tout le monde y trouve tout simple qu'un homme âgé ait une jeune maîtresse, et tout le monde le blâmerait s'il épousait une jeune femme. Qu'importe, direz-vous, pour le bonheur [1] l'opinion publique? elle fait tout dans les affaires et les états où on est en représentation. On ne lui échappe que dans la solitude. Je trouverais assez d'exemples de mariages disproportionnés en âge dans des hommes très célèbres de l'antiquité.] Socrate plus vieux que moi épousa une jeune femme qui lui donna des enfants qui étaient en bas âge lorsqu'il mourut à soixante-dix ans; il eut même deux femmes à la fois, suivant la loi de son pays, mais il paraît qu'il n'eut pas lieu d'en être content. Sénèque déjà bien âgé épousa

---

1. Les mots : *pour le bonheur*, oubliés, ont été ajoutés au-dessus de la ligne.

Pauline, fort jeune, et qui lui fut [1] si attachée [2] qu'elle voulut mourir avec lui, lorsqu'il se fit ouvrir les veines par ordre de Néron. Elle avait déjà perdu une partie de son sang lorsque Néron donna ordre qu'on bandât ses plaies. Sénèque ne vécut heureux avec Pauline et ne lui inspira un si fort attachement qu'en vivant avec elle, loin de Rome, à la campagne; c'est ce qu'on peut voir dans ses lettres à Lucilius.

Au reste, je m'occupe plus de notre bonheur futur que tu ne penses. Si j'avais à la campagne un asile à moi, la chose serait bientôt faite. Ton billet est charmant, mais un peu court. Je crois que tu ferais des vers, si tu voulais; ta prose est légère et remplie des plus douces images. Adieu, mon enfant; tes leçons de morale même me [3] plaisent : si je deviens fou tu me rendras sage. Je t'embrasse de tout mon cœur, mon estime pour toi est égale à mon amour.

10. — DE BERNARDIN DE SAINT-PIERRE [4].

Ne parlons plus, ma sensible amie, de ce qui vous a fait de la peine. Tenez-vous pour assurée que per-

---

1. Les mots : *qui lui fut,* ont été omis et écrits au-dessus de la ligne.

2. Après : *attachée,* figurent ces mots dans le texte : *à son mari*; ils ont été rayés.

3. *Me,* a été omis et ajouté en marge.

4. De Paris; — sans date, mais de septembre ou octobre 1792

sonne ne vous honore et ne vous aime plus que moi. Je m'occupe de votre bonheur. Vous aimez la campagne, mais ne vous y ennuierez-vous point, quand vous y serez seule, surtout dans les premiers temps? quelles seront vos occupations? faites-moi part de vos projets. Je veux voir comment je les ferai[1] cadrer avec les miens. Parlez-moi avec une entière confiance : vous avez raison, la dissimulation est un vice, surtout à l'égard des personnes que l'on aime. Celle que vous vous reprochez à l'égard de .... prouve l'amour que vous avez pour vos devoirs; mais c'est moi qui en suis la cause; je ne vous y exposerai plus[2]. Revenons à vos projets champêtres. Ne pourriez-vous pas y joindre l'étude de la botanique? vous avez de la mémoire et vous ne sauriez mieux la meubler qu'en la remplissant de fleurs et d'images agréables; vous êtes à portée d'étudier le système de Linnæus, en arrangeant une des botaniques coloriées qui sont chez vous. C'est une douce occupation pour l'hiver, et vous vous rendrez utile à votre maman; je peux vous prêter les éléments de cette étude, par Jean-Jacques[3].

(rien ne prouve qu'elle soit postérieure à la lettre n° 9); — pas signée; — sans adresse; — pas oblitérée; — imprimée dans la *Revue des Deux Mondes* avec le n° 4; avant nous MM. Maury et Meaume avaient publié chacun un passage de cette lettre, — Cette lettre a le n° 39 dans la collection Gélis-Didot.

1. *Ferai* a été oublié et ajouté au-dessus de la ligne.
2. En marge de ces phrases il y a, écrit au crayon : *non*.
3. Bernardin veut parler de Jean-Jacques Rousseau. Celui-ci

Un autre soin qui pourrait vous occuper est celui de réformer votre orthographe. [Vos fautes ne sont pas nombreuses, mais elles choquent d'autant plus que votre style est facile et plein de délicatesse et de sentiment quand l'amour vous inspire.][1] Par exemple vous écrivez vous *m'obligerai*, au lieu de *m'obligerés*; *veillés donc éloigné* pour *éloigner*[2]. [Ce sont de petites taches, et vous n'en devez point montrer. Votre esprit est susceptible de tout genre d'instruction, vous devez donc soigner un peu vos expressions. La parole est l'habit de la pensée; la mauvaise orthographe[3] est par rapport à elle ce qu'une déchirure est à un habit. Excepté un peu d'attention sur ce point, que la lecture vous donnera, ne suivez pour modèle de votre style que la nature : soyez comme elle, simple et sans fard, ne forcez rien, ne cherchez point vos idées dans votre esprit, mais dans votre cœur; pour bien s'exprimer il faut bien sentir. Voilà, mon enfant, les

était l'auteur d'une *Botanique*, de *Lettres élémentaires sur la botanique*, du *Botaniste sans maître, ou Manière d'apprendre seul la botanique au moyen de l'instruction* (ouvrage commencé par J.-J. Rousseau et continué par M. de Clairville). Les principaux écrits de Rousseau sur la botanique avaient été composés de 1769 à 1776.

1. Passage publié par M. Maury.

2. Tous ces mots sont soulignés dans le texte. On remarquera que Bernardin, dans ses corrections, fait des fautes d'orthographe; nous les avons maintenues.

3. Après *orthographe*, il y a dans le texte un mot rayé, illisible. Bernardin, professeur de français, écrit du reste : *orthographe* sans *h* après le *t*, *petites* avec deux *t*, sans parler des autres fautes!

conseils que te donne ton sincère ami. Sois douce, c'est par la douceur que tu triompheras toujours. Puissé-je trouver en toi ce que j'ai cherché si long-temps. Sois ma colombe.] [1] Je t'embrasse de tout mon cœur en te serrant dans mes bras, comme ton amant. Puisque tu te dis ma meilleure amie et que tu ne penses être heureuse sans mon amitié, embrasse-moi donc de toute ton âme. Puissé-je être un jour ta félicité, comme tu es la mienne.

11. — DE FÉLICITÉ DIDOT [2].

D'Essonnes, le 30 7bre de même.

Il m'est impossible, mon aimable ami, de laisser partir, seule, une lettre si réservée, et par conséquent si éloignée des sentiments que vous me faites éprouver; j'ai déjà eu mille fois l'idée de vous écrire, mais je n'ai pu l'effectuer, étant dans la société d'une chère amie, que je ne puis quitter quelques instants, sans en donner la raison. Aussi ai-je saisi avec empressement l'occasion qui se présentait en répondant à la lettre de maman.

Si j'ai passé les plus heureux moments de ma vie

1. Ce passage a été reproduit par E. Meaume.
2. D'Essonnes; — le 30 septembre 1792; — signée; — sans adresse; — pas oblitérée; — imprimée dans la *Revue des Deux Mondes* avec le n° 5; avant nous M. Maury en avait publié deux courts passages. — Cette lettre a le n° 34 dans la collection Gélis-Didot.

dans votre société, mon ami, je puis vous assurer qu'ils ont servi à me faire sentir plus vivement les peines de l'absence; et sans la véritable amie qui est auprès de moi, j'aurais bien des fois détesté les jours passés ici depuis votre départ (malgré mon goût décidé pour la campagne). Les endroits, même embellis par l'idée que vous vous y plaisiez, me paraissent tristes et sauvages, ne vous y trouvant plus; cette prairie si riante que vous avez souvent contemplée avec plaisir, loin de ce que j'aime, m'inspire le sentiment contraire; les roches mêmes, dont le souvenir vous paraît agréable, ont perdu pour moi leur plus grand ornement; [peut-être me blâmerez-vous de devenir insensible aux beautés de la nature, mais je ne saurais m'en vouloir de ne sentir et de ne vivre que par vous, (quoi qu'il en puisse résulter); cependant, en passant par la prairie qui conduit aux roches, je me rappelai avec plaisir de la gaîté que vous témoignâtes en cet endroit, m'estimant heureuse si j'ai pu y contribuer en quelque chose.]

Quelquefois, mon ami, je me reproche comme égarement [1] les marques d'amitié que je vous donnais ici, les trouvant bien opposées aux règles que je m'étais prescrites : mais bientôt, éloignant cette idée que je regarde comme mauvaise opinion, pourquoi, me dis-je, me faire un crime de ce que je prodigue sans

1. Après : *égarement*, les mots : *que je* ont été rayés.

aucun scrupule à l'amie qui est présentement avec moi; la différence de sexe peut-elle en être la raison, quand, au contraire, elle paraît rendre généralement moins indissolubles les liens qui unissent ensemble; aussi le nom d'ami ne me paraît plus assez significatif pour vous : mais c'est en vain que j'en chercherais un qui puisse entièrement exprimer ce que j'éprouve; d'après cela je vous assure que je me trouverais fort offensée si je croyais que vous puissiez douter des sentiments que j'avance, j'ai trop aimé pour cela ce qu'on appelle sagesse et il ne me fallait pas moins que ce que vous m'inspirez pour me faire passer les bornes prescrites à notre sexe.

Je trouve toujours mes lettres très éloignées de rendre la force de mes sentiments, et souvent, [pour les rendre plus d'accord avec mon cœur, je voudrais en effacer ces *vous*[1] qui me paraissent incompatibles avec l'amitié que vous m'inspirez]; mais je voudrais, pour cela, m'entendre renouveler l'assurance[2] de[3] l'attachement que vous m'avez témoigné, et être persuadée que la chose ne vous déplaira pas; ce qu'il vous sera facile de me faire connaître à Paris, soit par écrit, soit de vive voix; *adieu*[4], mon bon ami; c'est toujours avec peine que je trace ce mot; je désirerais

1. Le mot : *vous*, est souligné.
2. Félicité avait d'abord écrit : renouveler *les*, puis a corrigé.
3. Le mot : *de*, oublié, a été ajouté au-dessus de la ligne.
4. Ce mot est souligné dans l'autographe.

n'être jamais dans ce cas; ce serait pour moi le comble du bonheur; je vous embrasse de toute mon âme, et, malgré mes faibles remords, voudrais, je vous jure, le faire réellement. Votre amie.

FÉLICITÉ.

12. — DE BERNARDIN DE SAINT-PIERRE [1].

Vous n'aimez pas, mon amie. S'il est vrai que vous m'ayez donné votre cœur, pourquoi, quand j'arrive le soir, fatigué des affaires du jour, n'avez-vous pas un petit mot de lettres qui renferme les pensées du jour ou celles de la nuit? Souvent la société ou vos affaires m'empêchent de vous parler en particulier. Peut-être n'avez-vous plus rien à me dire. C'est vraiment là ce que je crois. Mais si votre cœur se tait, ne pouvez-vous faire parler votre esprit? Pourquoi par exemple ne me dites-vous rien de Thompson [2]. Je voudrais savoir quels sont les endroits de ce poëte de la nature qui vous ont fait le plus de plaisir [3]. Vous attendez pour

1. Sans indication de lieu, ni de date, mais probablement d'octobre 1792; — pas signée; — sans adresse; — pas oblitérée. — Aimé Martin en a publié la plus grande partie, et M. Maury le reste, c'est-à-dire la troisième page du manuscrit; — plusieurs phrases néanmoins ont été omises par les deux auteurs. — Cette lettre porte le n° 7 dans la *Correspondance imprimée* et dans la collection Gélis-Didot.

2. En marge de ce passage il y a, écrit au crayon, le mot : *bon.*

3. C'est de Jacques Thompson, le poëte anglais, auteur des *Saisons,* qu'il est ici question.

m'écrire que je vous écrive moi-même, quoique vous sachiez bien que je me trouve dans un tourbillon d'affaires qui m'en ôte le loisir; quand je vous écris, vous laissez de trop longs intervalles entre vos réponses. Avez-vous besoin de chercher ce que vous avez à me dire, et votre cœur ne doit-il pas être intarissable, si vous aimez?

Je voudrais bien aussi que vous prissiez du goût pour la campagne en toute saison. Vous ne voyez pas les orages qui s'élèvent sur notre horizon et qui rempliront longtemps la capitale de troubles. S'il y a quelque repos à espérer ce n'est qu'aux champs. Pour moi, je l'avoue, je ne peux, même dans des temps calmes, me [1] promettre de bonheur ailleurs. C'est là que je désire, fatigué des agitations de la vie, mettre en ordre quantité de matériaux, et [2] ne m'occuper que de ce que la nature a de plus doux, en me reposant au sein d'une compagne chérie. C'est là où, si l'auteur de la nature bénit notre union, je veux élever les fruits de nos amours. Dites-moi, Félicité, ne comptez-vous pas les élever vous-même? C'est le premier de vos devoirs de mère, et ce doit être le plus doux de vos plaisirs. Si vous ne concentrez pas, dès [3] à présent, toutes vos vues dans le bonheur domestique, quel sera le vôtre, quand cette flamme légère et volage que

1. Après : *me,* il y a dans le texte un mot rayé, illisible.
2. Le mot : *et,* oublié, a été ajouté en marge.
3. Aimé Martin a imprimé : *jusqu'à,* au lieu de : *dès à.*

votre Dernière lettre m'avoit fait de la
peine parce-que la mienne sembloit ne
vous avoir pas fait de plaisir. il me sembloit
y Démêler un peu de grondire. je suis
touché Des Desirs que vous me témoignés
si tendrement de vous conformer toujours
à mes gousts. puissaiqje moi même
remplir tous les votres. l'amour, mon enfant
te rend plus jolie. il y a dans toute ta
personne un air de contentement bien
plus interessant que tous les éclats de
la joye. si je desire quelque chose c'est
que tu ne changes point. crains de
Devenir trop grasse. trop d'embonpoint
sied mal aux jeunes personnes, il gâte
la taille, c'est un obstacle même à la
maternité. reste au point ou tu est et,
tu en viendras aisement à bout en
mangeant un peu moins, surtout des
aliments qui engraissent.

FAC-SIMILÉ D'UNE LETTRE DE BERNARDIN DE SAINT-PIERRE

A FÉLICITÉ DIDOT

(Première page de la lettre n° 14. Collection
de M. Pierre Gélis-Didot)

vous appelez de l'amour sera évaporée, et que les infirmités de l'âge viendront assaillir votre vieux[1] ami. Vous ne pourrez supporter aux champs ni[2] son hiver, ni celui de l'année.

[3][Voyez cependant[4], dans les campagnes, la jeune aurore couronner de roses, chaque jour[5], le vieux Thiton[6], et le tendre chèvrefeuille enlacer le chêne antique[7], malgré les frimas; mais c'est dans votre propre cœur que vous devez chercher les motifs de votre affection qui doivent vous rendre tous les temps et tous les lieux agréables .

Adieu, ma Félicité; je t'embrasse de toute mon âme, sur les yeux, sur ton cœur que je voudrais enflammer. Adieu, mon enfant, donne l'essor à ton âme, ne crains point de te livrer à celui qui est pour toi plus qu'un ami, plus qu'un père, plus qu'une mère. Donne-moi des noms qui expriment ce que tu sens [9]; ne feins rien, ne dissimule rien, songe que tu

---

1. Le mot : *vieux*, oublié, a été écrit au-dessus de la ligne.

2. Après : *ni*, on lit les mots : *celui de la*, qui ont été rayés.

3. Ce passage, mis entre crochets, n'a pas été publié par Aimé Martin ; mais il l'a été par M. Maury.

4. Le mot : *cependant*, oublié, a été ajouté au-dessus de la ligne.

5. Les mots : *chaque jour*, oubliés, ont été ajoutés au-dessus de la ligne.

6. Le mot : *Thiton*, est difficile à lire.

7. Après : *antique*, on lit le mot : *pendant*, qui a été rayé.

8. Après : *agréables*, il y a, dans le texte, plusieurs mots rayés, illisibles.

9. Le mot : *sens* est raturé.

dois être ma moitié, et que je dois être la tienne ; s'il y a quelque être, sur la terre, qui partage ton cœur, il n'est pas destiné pour le mien ; tu as déjà aimé et tu étais libre alors, tu dois l'être maintenant avec moi sans réserve, avec ratures, sans orthographe, comme tu sentiras ; je t'embrasse, en te serrant dans mes bras, et contre mon cœur].

13. — DE BERNARDIN DE SAINT-PIERRE [1].

Je vous dois la vérité, comme votre meilleur ami. Hier, à la promenade, une multitude de groupes se retournaient derrière vous pour se moquer de votre coiffure. Je ne sais si c'était de sa couleur tranchante ou de sa forme de chiffon, mais tant y a qu'ils s'en moquaient. M[r] votre père en fut plusieurs fois témoin, et me dit qu'il vous en préviendrait. Jugez donc de l'effet que ce soit [2] produit votre chaussure en brodequins rouges, avec votre mouchoir à raies jaunes, sur vos cheveux bruns et sans poudre [3].

Mon aimable amie, il est dangereux, dans ce

1. Sans indication de lieu, ni de date ; mais probablement d'octobre 1792 ; — pas signée ; — sans adresse ; — pas oblitérée ; — M. Maury l'avait reproduite en grande partie, mais avec des inexactitudes ; le texte a été rétabli dans la publication de la *Revue des Deux Mondes* (lettre n° 6). — Cette lettre a le n° 3 dans la collection Gélis-Didot.

2. M. Maury a lu : *qu'auroit* ; c'est difficile à admettre en voyant le manuscrit.

3. En marge de ce premier alinéa figure le mot : *inutile*.

temps-ci, de se faire remarquer par des ajustements extraordinaires.

Je vous dirai plus, c'est qu'ils ne conviennent en aucun temps à une jeune fille qui semble vouloir attirer sur elle les yeux du public. A qui chercheriez-vous à plaire maintenant? A vous seul, me direz-vous; eh bien! je vous dirai avec sincérité que les couleurs dures et tranchées ne vous vont point. Pour moi je n'aime que les couleurs douces et les formes simples. En toutes choses je fuis l'éclat. La nature n'emploie que des contrastes doux pour produire l'harmonie; quand elle en assemble de durs elle engendre la discorde. Par exemple la couleur naturelle de vos cheveux va à merveille avec votre teint, mais si vous opposez à leur teinte brune une couleur jaune, et à leurs boucles ondoyantes un chiffon aplati, il y aura dissonance. Voilà pour l'effet physique, quant à l'effet moral, une telle parure annonce le désir d'attirer les regards; vous n'avez plus besoin que de fixer ceux de votre ami. Vous en êtes assurée si vos ajustements sont d'accord avec les qualités de votre âme, douce, aimant la retraite, le soin de votre maison et le bonheur de votre ami. Sois bien sûre, ma Félicité, que ma plus chère occupation sera de faire le tien. Tu dois en juger par ma franchise, elle est la preuve de mon estime pour toi.

14. — DE BERNARDIN DE SAINT-PIERRE [1].

Votre dernière lettre m'avait fait de la peine, parce
que la mienne semblait ne vous avoir pas fait de
plaisir; il me semblait y démêler un peu de gronderie.
Je suis touché du désir que vous me témoignez si
tendrement de vous conformer toujours à mes goûts.
Puissé-je moi-même remplir tous les vôtres. L'amour,
mon enfant, te rend plus jolie. Il y a dans toute ta
personne un air de contentement bien plus intéressant
que tous les éclats de la joie. Si je désire quelque
chose c'est que tu ne changes point. [Crains de
devenir trop grasse. Trop d'embonpoint sied mal aux
jeunes personnes; il gâte la taille, c'est un obstacle
même à la maternité] [2]. Reste au point où tu es, et
tu en viendras aisément à bout en mangeant un peu
moins, surtout des aliments qui engraissent.

[Ce que je désire encore, c'est qu'en redoublant de
confiance pour moi qui dois être ton époux, tu
diminues un peu avec les autres de cette familiarité
que le cousinage, l'enfance, le voisinage, rendent
sans conséquence pour une âme indifférente, mais

1. De Paris; — sans indication de date, mais d'octobre 1792;
— pas signée; — sans adresse; — pas oblitérée; — imprimée
dans la *Revue des Deux Mondes* avec le n° 7; avant nous
M. Maury en avait publié un fragment, et M. Meaume, deux.
— Cette lettre porte le n° 40 dans la collection Gélis-Didot.
2. Passage publié par M. Maury.

qui ne le sont pas pour celle qui aime. Qu'on sente, en te voyant, que ton cœur est engagé par des liens que tu chéris ; que ce doux mystère répande un tendre intérêt sur ta physionomie, qu'il éloigne de toi les jeux trop folâtres ; que ta démarche et ton maintien annoncent, ma vierge [1] bien-aimée, ma future épouse et la mère de famille. Hier au soir tu étais charmante. Tu pensais peut-être au plaisir que me ferait ton billet. Adieu, mon bouton de rose], songe à venir dimanche avec nous et ta maman à Essonnes, nous prendrons une voiture à 4. Il faut que tu dises ton avis sur l'île, et que je te voie encore danser sur l'herbe. Au reste, de la discrétion sur nos engagements futurs ; qu'il n'y ait que moi qui pénètre dans ton âme ; je te donne, à ton choix, le plus tendre des baisers.

[J'ai à peine un moment pour t'écrire. Ton jugement sur Thompson m'a fait plaisir [2].]

1. Après : *vierge,* il y a deux mots rayés, dont l'un semble : *désirée.*

2. Ces deux dernières phrases semblent avoir été écrites en post-scriptum. — Voir au sujet de Thompson ce que nous avons dit p. 83.

15. — DE BERNARDIN DE SAINT-PIERRE [1].

A la Citoyenne félicité didot
quay des augustins
a paris.

Je profite, mon aimable amie, d'un moment de loisir pour vous prévenir de mon arrivée à Paris. Quoique vous me taxiez d'indifférence je n'ai pas été un moment sans m'occuper de vous. Les soins nécessaires à la disposition d'un asile que vous devez partager, me font naître une multitude d'idées agréables, dont l'exécution ne laisse pas d'être laborieuse sur une terre toute nue, dans une saison où il n'y a pas un instant à perdre pour les plantations, et avec des ouvriers peu nombreux et qui ne sont pas échauffés par mes sentiments [2]. Cependant à force d'aller et venir, de faire et de refaire, votre hermitage commence à prendre une forme intéressante. Je vous en dirai davantage demain à l'heure du dîner, car je compte donner ce soir et demain matin aux affaires, afin de pouvoir jouir, l'après-midi, de quelques heures

1. Sans indication de lieu, ni de date, mais probablement de Paris, et de la fin d'octobre 1792; — pas signée; — porte une adresse; — pas oblitérée; — publiée dans la *Revue des Deux Mondes* avec le n° 8. — Cette lettre a le n° 41 dans la collection Gélis-Didot.

2. En marge, à la hauteur de cette première partie de la lettre, il y a le mot : *bon.*

de plaisir auprès de vous. Je suis obligé, en ce moment, de quitter la plume. A demain, tendre amie, je vous embrasse de tout mon cœur.

16. — DE BERNARDIN DE SAINT-PIERRE [1].

J'allais vous écrire, ma tendre amie, lorsque Rousseau m'est venu apporter votre lettre. Elle m'aurait fait plus de plaisir par la poste. L'envoi d'un commissionnaire donne trop de publicité à notre correspondance. J'ai cependant parfaitement bien senti que c'était l'inquiétude où vous étiez de ma santé qui vous avait décidée à cette démarche. J'en suis donc très touché. J'ai, en effet, du rhume, ce qui m'a décidé à garder hier la chambre et à suivre le conseil que je vous avais donné pour vous-même. Cependant j'irai dîner aujourd'hui chez le ministre de l'intérieur. J'en ai reçu l'invitation hier à 9 heures du soir. J'ai à lui parler de plusieurs affaires et aussi de mes plaisirs [2], c'est-à-dire des moyens de me procurer quelques bonnes espèces d'arbres à fruits de la pépinière nationale pour l'île de la Félicité, car c'est le nom que je désire qu'elle porte. Il n'y a pas un moment à perdre. Cette perspective de bonheur, dont vous êtes

1. Sans indication de lieu, ni de date, mais probablement de Paris et de novembre 1792; — pas signée; — sans adresse; — pas oblitérée; — publiée dans la *Revue des Deux Mondes* avec le n° 9. — Cette lettre a le n° 42 dans la collection Gélis-Didot.
2. En marge de ce passage, il y a le mot : *inutile*.

le centre, me dédommage des tracasseries inséparables aujourd'hui des fonctions publiques; quand je suis mécontent des hommes, je m'enfonce en esprit dans les vergers et les bocages. Il est temps de rendre mon asile digne de vous, en y réunissant tous les arbres fruitiers et toutes les fleurs que le climat et le sol peuvent produire. J'attends avec impatience le plan de M[r]. Moreau pour les y apporter. D'un autre côté les affaires du jardin [1] me donnent de l'occupa tion. Dimanche, je dîne avec les administrateurs des travaux publics, qui doivent m'aider dans l'affaire de la Ménagerie [2]. Enfin mon déménagement ajoute à mes embarras, car je désire coucher, après-demain [3], à l'intendance [4]. Vous jugez bien que tous ces objets me distraient de mes plaisirs.

Rien n'est plus propre à m'en dédommager, mon enfant, que le plaisir de recevoir de tes nouvelles. Ton âme est faite pour la mienne, puisqu'elle est capable de bien aimer. Ce soir je calmerai tes agitations en t'embrassant de tout mon cœur. Tout occupée de ma santé tu ne me parles point de la

---

1. Bernardin parle ici du Jardin des Plantes; il avait en effet été nommé, le 1er juillet 1792 : Intendant du Jardin des Plantes et du Cabinet d'Histoire naturelle. Il conserva cette fonction jusqu'au 10 juin 1793, d'après M. Maury; M. Largemain affirme qu'il l'exerça jusqu'au 8 juillet 1793 inclus.

2. C'est en effet grâce aux démarches de Bernardin qu'une ménagerie fut annexée au Jardin des Plantes.

3. Le mot : *après* a été ajouté au-dessus de la ligne.

4. C'est l'Intendance du Jardin des Plantes.

tienne. Conserve-la, en suivant un bon régime. La diète et la chaleur guérissent promptement le rhume. Cependant je crois que le mien sera de quelque durée, ainsi que tous ceux que j'ai eus : mais par cela même, il n'est point dangereux. Le rhume est pour moi une purgation, et j'ai remarqué qu'il me délivre toujours des maux de nerfs. Calme donc tes inquiétudes. Ta lettre pleine de délicatesse renferme des sentiments de crainte et de réserve[1], qui me font de la peine. Sois contente du présent et espère mieux de l'avenir. Je t'embrasse, mon enfant, avec toutes les affections que tu mérites et que tu m'inspires.

17. — DE BERNARDIN DE SAINT-PIERRE [2].

A Mademoiselle
Mademoiselle félicité didot
chès M^r. didot le jeune, imprimeur libraire,
quay des augustins
à Paris.

Je quitte un mémoire important pour répondre sur-le-champ à votre aimable lettre. Elle m'a fait plaisir, je croyais que vous m'aviez oublié et que vous ne

---

1. Les mots : *de réserve*, omis, furent ajoutés au-dessus de la ligne.

2. De Paris ; — sans date, mais de novembre 1792 ; — pas signée ; — porte une adresse ; — oblitérée ; — publiée dans la *Revue des Deux Mondes* avec le n° 10. — Cette lettre a le n° 46 dans la collection Gélis-Didot.

pensiez à moi que quand vous me voyiez[1]. Je croyais
même que vous aviez quelque autre affection, et il me
semblait que cette opinion n'était pas sans fondement; je me rappelais des marques de familiarité,
que la parenté ou des amitiés anciennes peuvent
rendre indifférentes, mais que je trouvais signifiantes
dans la disposition d'esprit où j'étais. Il me semblait
enfin que je devais avoir recours à la philosophie,
lorsque votre amour est venu rallumer le mien. J'ai
reçu aujourd'hui, mardi, à onze heures du matin,
votre charmante lettre que vous deviez me remettre
dimanche, et que vous m'avez envoyée lundi. Elle a
dissipé ma mélancolie[2]. J'ai pensé que puisque je
vous occupais dans vos rêves, vous pensiez aussi à
moi étant éveillée. Puissé-je réaliser le bonheur dont
vous vous formez de si douces images! Mon plus
doux plaisir est d'y penser. J'ai écrit à M^r. Moreau sur
le plan de l'île une lettre fort détaillée. J'aurais été le
voir si mon rhume opiniâtre n'avait pas redoublé.
J'ai beaucoup toussé hier toute la journée. Aujour-
d'hui je me trouve mieux, je ne sors point et je
prends de la tisane, afin de mûrir mon rhume.
J'expectore et je respire plus librement. Vos lettres
hâteront ma guérison. Donnez-moi un détail de votre
rêve à l'occasion de mon île, il s'y trouvera de bonnes

1. Le mot : *voyiez* a été corrigé; on ne peut lire ce qu'il y
avait avant la correction.
2. En marge de ce passage il y a, écrit au crayon : *inutile.*

idées à réaliser. Je vous exhorte seulement à corriger votre orthographe[1]. Vous m'écrivez, *je vous prie, en grasse*: c'est *en grâce*[2], telle qu'il vous convient d'être.

Adieu, ma chère amie, je répondrai plus au long à la prochaine. Je vous embrasse de tout mon cœur.

Mille amitiés à vos chers parents.

18. — DE BERNARDIN DE SAINT-PIERRE[3].

A la Citoyenne félicité didot
a la papeterie
à Essonnes.

Je suis très touché des malheurs de ce bon et infortuné Neuilly[4]. Si quelque considération pouvait tempérer votre douleur, c'est le succès de mes affaires. Elles se dénouent, insensiblement, de la manière la plus agréable; je viens d'obtenir une indemnité de 2 mille livres, indépendamment de celle qui est en réquisition. Mais votre véritable consolation est dans l'exercice même de la vertu d'où émanent toutes les autres, je veux dire la charité. Après en avoir fait un

1. Bernardin écrit : *ortographe*.
2. Ces mots sont soulignés sur le manuscrit.
3. Sans indication de lieu ni de date; mais de Paris et de novembre 1792; — pas signée; — porte une adresse; — pas oblitérée; — publiée dans la *Revue des Deux Mondes* avec le n° 11. — Cette lettre a le n° 43 dans la collection Gélis-Didot.
4. Il est ici question de Neuilly Didot, frère de Félicité; il mourut des blessures qu'il avait reçues à Jemmapes.

apprentissage auprès de moi, vous en continuez les fonctions auprès d'un frère[1]. Ou plutôt il y avait longtemps que vous y étiez exercée, par toutes les sollicitudes obligeantes qu'excitent en vous les souffrances d'autrui ; cultivez cette précieuse sensibilité : elle fera votre bonheur. Je n'ai pas besoin de vous dire qu'elle fera le mien. Ma santé se soutient ; cependant j'ai encore de petits mouvements fébriles. Si vous êtes encore à Essonnes à la fin de la semaine prochaine, j'irai vous voir avec le cit. Moreau, qui va donner à mes ouvriers de quoi s'occuper une partie de l'hiver, tant pour achever l'intérieur de la maison que pour faire un jardin d'agrément devant sa façade du midi. Ma santé se renforce chaque jour, et à cette époque nous pourrions vous ramener à Paris, pour conclure mon bonheur.

En attendant, j'ai terminé mes affaires avec les professeurs du Muséum. Je ne suis plus occupé que du soin de déménager ; le voiturier du Cit. Avard[2] qui m'a remis votre lettre m'a manqué de parole, car il n'est point revenu prendre mes effets. Je suis bien embarrassé de ce transport. Mais auparavant il faut que je voie si tout est disposé chez moi pour les recevoir.

Vous mettez beaucoup trop d'importance à mon

1. En marge de ce passage, il y a le mot : *inutile.*
2. Ce nom n'est peut-être pas exact, le manuscrit étant difficile à lire à cet endroit.

nom. Pour moi, c'est vous que je veux épouser. Adieu, mon amie, rien ne manque aux sentiments d'amour et d'estime que je vous porte.

19. — DE BERNARDIN DE SAINT-PIERRE [1].

A Mademoiselle
Mademoiselle félicité didot
chèz M[r]*. didot le jeune imprimeur libraire*
quay des augustins
à Paris.

J'avais du monde, hier, quand votre commissionnaire est venu. Je n'ai pu vous témoigner sur-le-champ tout [2] l'intérêt que je prends à votre santé. Vous avez pris votre rhume chez moi. Vous avez part à ma mauvaise fortune, ainsi que vous l'aurez à la bonne, s'il plaît à Dieu. Mon amie, tout l'espoir de mon bonheur est à la campagne. Vous vous figurez ma maison avec des colonnes. Vous vous êtes trompée, des colonnes ne conviennent point à une retraite champêtre, à une chaumière. Laissons faire M[r]. Moreau [3]. Je lui écris ce matin, à l'occasion d'une

1. De Paris; — sans date, mais de novembre 1792; — pas signée; — porte une adresse; — oblitérée; — publiée dans la *Revue des Deux Mondes* avec le n° 12; avant nous M. E. Meaume en avait reproduit un court passage. —Cette lettre a le n° 44 dans la collection Gélis-Didot.
2. Le mot : *tout* a été ajouté en marge.
3. En marge de ce passage, on lit : *inutile.*

idée d'utilité. Je sais qu'il travaille au rez-de-chaussée et au 1er[1]. Je voudrais y faire un poêle à la russe.

N'ayez point d'inquiétude sur la lettre que vous avez laissée sur la cheminée. Je l'y ai trouvée. [Vous avez de temps en temps un petit air grondeur qui ne convient point à mon enfant. Vous me dites, d'un ton fâché, que si je le désire, vous rendriez les visites d'un de vos anciens amis plus rares. Ce n'est point à moi à le décider. Je ferais une injustice. C'est vous seule qui pouvez connaître le degré et la nature de l'affection qu'il a pour vous.]

Quoi qu'il en soit, vous ne devez point vous dire incapable de *philosophie*[2], car tous les événements de la vie nous l'apprennent et nous y obligent. Votre rhume même doit vous en donner une leçon, et si vous m'en croyez, vous garderez non seulement la chambre, mais même le lit. Dédommagez-vous-en, si ce n'est par la raison, au moins par des rêves agréables. Les vôtres me plaisent au moins autant que vos conseils. Le goût que j'ai pour la solitude, la connaissance que j'ai des hommes, les délices que j'éprouve à la vue des ouvrages de la nature, les agréments du site que j'ai choisi, le bonheur que m'y promet votre affection vive, pleine et sans partage, tout me fait aspirer au temps où je pourrai y faire de

1. Les mots : *et au 1er* ont été oubliés et écrits au-dessus de la ligne.
2. Ce mot, sur le manuscrit, est souligné.

fréquentes retraites pour me dédommager des peines et des embarras attachés à ma place surtout dans les temps orageux où nous sommes. J'espère être en état d'aller à Essonnes au commencement de la semaine prochaine pour y tracer le plan de la maison [1] et du jardin. D'ici à ce temps, ménagez bien votre rhume afin d'être du voyage. Je vous en conjure par tout le pouvoir que j'ai sur vous, ne sortez pas de votre chambre et même de votre lit, si vous avez des accès de fièvre. Adieu, mon enfant, je t'embrasse comme tu le mérites, de tout mon cœur.

Ce jeudi à 10 heures du matin.

20. — DE BERNARDIN DE SAINT-PIERRE [2].

Aimable enfant, votre lettre me prouve, ce que je savais déjà, que vous êtes également digne de mon amour et de mon estime. Il n'y a qu'un seul moyen de mettre d'accord ces deux sentiments qui se combattent dans votre cœur, c'est que vous soyez bientôt ma femme; au lieu de l'inquiétude et des remords que

---

1. Bernardin veut sans doute parler du plan d'organisation intérieure de la maison, puisqu'il dit, au début de la lettre, que M. Moreau travaille au rez-de-chaussée et au premier.

2. Sans indication de lieu, ni de date; mais de Paris et de novembre 1792; — pas signée; — sans adresse; — pas oblitérée; — publiée dans la *Revue des Deux Mondes* avec le n° 13; avant nous M. Maury en avait reproduit deux très courts fragments. — Cette lettre porte le n° 45 dans la collection Gélis-Didot.

vous craignez, vous éprouverez ce que la reconnaissance et le calme de l'âme ont de plus doux. Le
mariage seul allie l'estime de soi-même avec les plaisirs de l'amour.

[Je m'occupe du soin d'accélérer le moment qui doit
m'unir à toi. Le plus grand obstacle est la publicité
que je voudrais éviter par plusieurs considérations
importantes. Si tu habitais la campagne à présent, il
me semble qu'il serait facile de se faire inscrire sans
bruit à la municipalité d'Essonnes.] Nous raisonne-
rons de tout cela quand nous y serons [1].

[En attendant, recommande notre future union à
celui qui est la source de toute félicité.] Aimable
enfant, confie-lui tes peines et tes plaisirs. Endors-toi
dans son sein paternel, aucune insomnie ne viendra
te troubler.

Ne veille point, ma tendre amie; le sommeil est
nécessaire à ta santé. C'est lui qui calme le sang et
rafraîchit le teint des bergères. Pour aucune raison,
ni pour aucun plaisir, ne passe point les nuits à
veiller. Je vais te chercher un livre de voyage que je
te donnerai ce soir, mais c'est à condition que tu ne
liras pas au milieu de la nuit.

Endors-toi dans le souvénir doux et paisible de
notre [2] amour mêlé d'estime, de confiance, de protec-

1. On lit le mot : *inutile*, en marge de ce passage.
2. Ce mot a été corrigé; on ne peut lire ce qu'il y avait avant
la correction.

tion. Si j'ai allumé en toi quelque flamme trop active, ne t'y livre point jusqu'à ce que je puisse l'éteindre. C'est en moi qu'est le remède à ton mal. Mon portrait n'y peut rien [1]. Repose-toi, en imagination, à l'ombre des berceaux que je vais planter pour toi, sur le bord de ces eaux limpides qui entourent notre future habitation, et que tu dois embellir de ta présence. C'est là que tu dois goûter un bonheur digne de toi, si le ciel est favorable à mes vœux.

21. — DE BERNARDIN DE SAINT-PIERRE [2].

Je n'ai pu venir hier, mon enfant, mais je n'en ai pas moins pensé à toi. Je désire ardemment que ma chaumière s'achève, afin que tu y fasses mon bonheur. Emploie tout ce que tes grâces et ta douceur te donnent de crédit pour en accélérer le travail. Il faut que ton frère y mette toute son activité.

[On ne peut être heureuse, mon amie, qu'au sein de la nature. Plus tu vivras, plus tu seras persuadée

1. On lit : *non*, en marge de ce passage.
2. Sans indication de lieu, ni de date; mais de Paris et de novembre 1792; — pas signée, quoiqu'en dise Aimé Martin; — sans adresse; — pas oblitérée; — imprimée par Aimé Martin, sauf le commencement et la fin et avec des inexactitudes; — publiée dans la *Revue des Deux Mondes* avec le n° 14. — Cette lettre, dans la *Correspondance imprimée*, a le n° 8, ainsi que dans la collection Gélis-Didot.

de cette vérité. Nous vivons dans un temps malheureux. Je ne veux pas troubler ta raison par la perspective de l'avenir/ Mais qu'est-ce qui te manquera à la campagne pour y passer des jours agréables? tu seras dans le voisinage de tes parents; tu habiteras une demeure charmante par sa situation; tu pourras t'y occuper tantôt de la lecture, tantôt des soins si doux d'une jeune mère de famille. Je ne te parle pas de moi, mais je mettrai mon bonheur à faire le tien. Lorsque mes affaires me forceront d'être à Paris, je t'écrirai fréquemment. Tu seras la récompense de mes travaux; je viendrai oublier, dans ton sein, les troubles de la ville. En attendant que je puisse t'avoir habituellement auprès de moi comme ma compagne, j'irai passer des semaines, des mois entiers avec toi. Voici mon plan de vie. Je me lèverai le matin avec le soleil. J'irai dans ma bibliothèque, m'occuper de quelque étude intéressante. J'ai une multitude de matériaux à mettre en ordre. A 10 heures, un déjeuner que tu auras préparé toi-même nous réunira. Après déjeuner, je retournerai à mon travail. Tu pourras m'accompagner avec le tien, si les soins du ménage ne t'appellent pas ailleurs; je suppose que tu t'en seras occupée le matin. A trois heures, un dîner de poisson, de légumes, de volaille [1], de laitage, d'œufs, de fruits, produits par notre île, nous

1. Le mot : *volaille* a été écrit pour remplacer deux mots qui ont été rayés, et qui sont illisibles.

retiendra une bonne heure à table. A 4 heures jusqu'à cinq du repos, un peu de musique. A cinq, lorsque la chaleur sera passée [1], la pêche ou la promenade dans notre île jusqu'à 6. A six, nous irons voir tes parents et promener dans le voisinage. A neuf heures, un souper frugal], ensuite le lit nous réunira.

A propos, mon enfant, dis-moi donc quel était ton dernier rêve? ne t'ai-je pas devinée! dis-moi la vérité. Je t'embrasse de tout mon cœur.

Songe que notre chaumière doit être l'époque de notre félicité. Hâte donc les travailleurs et leurs surveillants; que Dieu répande sur toi toutes ses faveurs.

22. — DE FÉLICITÉ DIDOT [2].

Je vais donc te voir aujourd'hui, mon ami, et c'est un dédommagement bien dû à l'ennui qu'a éprouvé ton enfant pendant ton absence. Cependant je ne saurais être tout à fait privée de toi et si mes yeux ont souffert de cette cruelle séparation, mon imagi-

---

1. Après : *passée*, le mot *nous* a été rayé.

2. Sans indication de lieu, mais probablement de Paris ; — du 2 décembre 1792 (dimanche). — M. Maury a publié cette lettre, en indiquant qu'elle se trouvait à la Bibliothèque du Havre; nos recherches pour la trouver, ainsi que celles de M. le Conservateur, sont restées infructueuses. — C'est donc le texte imprimé par M. Maury (p. 192) que nous publions.

nation plus heureuse t'offrait sans cesse à ma mémoire. Quand tu occupes tout entière ton amie, peut-elle espérer avoir quelquefois attiré ton attention, c'est ce qu'il me serait bien doux d'apprendre. Avec raison je pourrais peut-être me fâcher de ne pas avoir reçu de tes nouvelles, depuis je ne sais combien de jours que je ne t'ai pas vu. Mais suis-je en droit de gronder quand tu embellis tous les moments de ma vie? La nuit même ne me prive pas de cette jouissance, car tu me fais naître les songes les plus agréables et tu ajoutes un nouveau prix à mon repos. Je suis on ne peut plus frappée de celui dont je t'ai parlé dans ma dernière. Pardonne-moi, mon ami, mon enfantillage, mais j'ai quelque croyance à ces charmants rêves. Je les prends pour d'heureux augures; enfin je sais quel pressentiment semble m'assurer que je ne me trompe pas à l'égard de celui-ci. Je veux te donner à juger si je n'ai pas lieu d'être charmée. Il me semblait qu'après avoir reçu ma dernière lettre, pénétré des reproches qu'elle contenait, tu étais passé à la maison, dans le moment où un peu fatiguée j'étais montée me reposer, mais toi n'en sachant rien, tu étais venu à ma chambre me chercher, et m'ayant trouvée endormie, pour prouver que tu respectais mes avis, ainsi que mon sommeil, tu avais imaginé d'orner ma chambre de guirlandes des plus jolies fleurs, et je ne sais par quel miracle, tu avais fait du parquet le plus charmant tapis de verdure où les fleurs, son plus bel ornement, n'étaient pas épargnées.

Vois, mon ami, d'après le bonheur dont je dois jouir, si je n'ai pas lieu d'espérer (qu'unie à toi par des liens aussi doux que des guirlandes) de te voir embellir mes jours, comme tu embellissais ce tapis des fleurs les mieux choisies. Voilà mon futur époux et mon ami bien présent, les idées dont mon amitié se nourrit (illisible). Encore un autre songe non moins fait pour me plaire, me représentant ta charmante retraite achevée de la manière la plus agréable où tu me conduisais avec toute la tendresse dont je te connais capable. En attendant ce suprême bonheur, mon heureuse étoile doit me conduire aujourd'hui chez toi où, si tu t'y prêtes, je pourrai te remettre cet écrit, en te serrant la main aussi tendrement que je t'aime.

23. — DE BERNARDIN DE SAINT-PIERRE [1].

Vos sentiments, ma chère Félicité, me remplissent pour vous de la plus parfaite estime et de la plus

---

1. Sans indication de lieu, ni de date; mais probablement d'Essonnes, et de janvier 1793; — pas signée; — sans adresse; — pas oblitérée; — entièrement publiée par Aimé Martin, qui la cite comme la dernière des lettres écrites avant le mariage : il n'a donc pas eu connaissance des missives envoyées postérieurement. — Cette lettre porte le n° 9 dans la *Correspondance imprimée* et dans la collection Gélis-Didot.

tendre amitié. Vous avez mal jugé des miens [1]. Je vous proteste que je vous ai fait entrer comme [2] une portion de mon bonheur dans les plans de retraite et de repos dont j'aimais à embellir mon avenir. C'est dans cette intention que j'ai désiré une correspondance intime avec vous, afin que nos âmes pussent se connaître et se convenir. Mais les malheurs publics portés à leur comble m'empêchent de m'occuper de mon bonheur particulier. Je vais à Paris pour tâcher de sauver quelques débris de ma faible fortune, d'une anarchie dont les progrès augmentent chaque jour; je pourvoirai [3] aussi aux devoirs de ma place et si je peux me préparer quelques semaines de repos, je viendrai en jouir dans votre retraite. Je vous exhorte, en attendant, à rester ici, et à servir de consolation à votre bonne Maman. Faites-lui quelque lecture amusante. Si vous aviez votre harpe, ce serait pour vous deux une agréable distraction. Mais votre propre tranquillité sera le plus agréable concert que vous puissiez lui donner. Calmez-vous, et soyez sûre que la Providence, qui veille aux destins des moineaux, veille aussi à ceux des empires.

Je saisirai les moyens les plus convenables pour vous donner de mes nouvelles, et soyez bien persuadée

---

1. Le mot : *miens* a été corrigé, Bernardin avait écrit : *liens*.
2. Aimé Martin a imprimé : *pour*, au lieu de *comme*.
3. Le mot : *pourvoirai* est raturé et difficile à lire.

du plaisir que me feront les vôtres. Comptez invariablement sur ma plus tendre amitié.

24. — DE BERNARDIN DE SAINT-PIERRE [1].

Ta lettre m'est arrivée lundi matin, au moment où l'on m'apportait du lait pour mon déjeuner. Elle a mis du lait dans mes veines; tu es pour moi la Coupe de la Félicité.

J'ai passé ici des jours assez tristes. A mon arrivée dans mon île, ton frère y est arrivé [2]. Il m'a salué et je lui ai rendu son salut; il s'est ensuite approché de moi et il a adressé la parole à Cadet avec lequel j'étais. Il lui a parlé d'échelle, et jugeant qu'il ne s'était approché que pour lui parler d'ouvrages, je me suis éloigné, à quelques pas de là [3]. Ton frère bientôt après a quitté Cadet et s'en est allé. Peut-être attendait-il que je lui adressasse la parole, mais je me suis rappelé qu'il n'avait pas répondu à ma lettre, et cette réflexion m'a empêché de hasarder une seconde démarche, ou peut-être de répondre à la sienne, car j'ai ignoré son intention. Quoi qu'il en soit, je ne l'ai

1. Sans indication de lieu, ni de date; mais d'Essonnes, et de février ou mars 1793; — pas signée; — sans adresse; — pas oblitérée; — publiée dans la *Revue des Deux Mondes,* avec le n° 15. — Cette lettre a le n° 48 dans la collection Gélis-Didot.

2. C'est de Léger Didot que Bernardin veut parler; ils étaient déjà brouillés.

3. On lit : *non,* en marge de ce passage.

pas revu, car je me suis abstenu d'aller à la papeterie, où je n'ai été qu'une fois pour affaires.

Au reste, j'ai employé presque tout mon temps à régler mes travaux et mes ouvriers, qui me coûtent beaucoup et qui avancent peu. Chaque fois que je viens ici il faut augmenter les prix, ou des matériaux ou de ceux qui les emploient. J'ai cependant fait plusieurs économies, et préparé mes provisions de bois de menuiserie. Je suis assez content de mon voyage quant aux affaires, et fort peu quant à mes plaisirs, quoique très fêté chez le Cit. Goubert et ses voisins, qui m'ont donné l'hospitalité. Mais celui de tous qui m'aurait le plus intéressé s'est éloigné de moi et moi de lui, par sa mauvaise honte ou par la mienne.

J'attends de toi de nouveaux dédommagements. Je suis aussi empressé que toi, et si je diffère c'est [1] par la [2] crainte de mettre trop de publicité. Trouve-moi des expédients, et malgré la position des affaires publiques qui ajoutent encore à mon embarras, je ne m'occuperai que de ton bonheur et du mien.

Je t'embrasse, mon aimable enfant, en attendant le plaisir de te remettre moi-même la présente. Tranquillise ton esprit pour recouvrer ta santé.

1. Ce mot est raturé.
2. Ce mot est raturé.

BERNARDIN DE SAINT-PIERRE

Gravure de Ribault, d'après Lafitte, 1805

25. — DE BERNARDIN DE SAINT-PIERRE [1].

A la Citoyenne félicité didot
a Paris

Il m'aurait été possible d'aller voir ce soir ma Félicité, mais non le théâtre de la rue Feydeau. Ce sera donc partie remise. A demain au soir en revenant du Gros-Caillou.

Je prie ma Félicité de remettre à son papa les papiers ci-joints, en le priant de me faire faire réponse demain au soir [2], ainsi que par rapport aux mémoires du menuisier et du serrurier d'Essonnes, qu'il voudra bien laisser entre les mains de ma Félicité, que j'embrasse de tout mon cœur.

Mille amitiés à toute la famille.

26. — DE BERNARDIN DE SAINT-PIERRE [3].

A la Citoyenne félicité didot
chès le Citoyen didot le jeune imprimeur
quay des Augustins.
A Paris.

Je m'empresse, amie très aimée, de vous mander

1. Sans indication de lieu, ni de date; mais probablement de mars 1793; — pas signée; — porte une adresse; — pas oblitérée; — publiée dans la *Revue des Deux Mondes* avec le n° 16. — Cette lettre a le n° 47 dans la collection Gélis-Didot.
2. On lit : *inutile*, en marge de ce passage.
3. De Chantilly; — datée : ce 2 de ton mois au lever de l'au-

mon arrivée à Chantilly, avec un petit journal de mon voyage [1].

Nous partîmes hier de Paris, à neuf heures du matin, du Petit-St-Martin, rue St-Martin. Nous avions loué une voiture pour 42 [2]..., dans laquelle nous nous embarquâmes au nombre de six, trois [3] per-

rore (c'était le mois d'avril) (1793); — pas signée quoiqu'en dise Aimé Martin; — porte une adresse; — oblitérée; — entièrement publiée par Aimé Martin qui l'a placée, ainsi que la lettre suivante (n° 27), après une missive datée du 31 août 1792; nous avons dit que, suivant un ordre chronologique qui nous paraissait plus juste, il fallait reproduire, avant ces deux lettres, des épîtres qui, selon nous, leur étaient antérieures. — Cette lettre porte le n° 5 dans la *Correspondance imprimée* et dans la collection Gélis-Didot.

1. Près de deux ans après qu'il eut quitté la France (17 juillet 1789) et abandonné son château de Chantilly, le prince de Condé, le 11 juin 1791, fut, à défaut de se soumettre, déclaré par l'Assemblée nationale : rebelle et déchu de ses droits à la couronne; ses biens devaient être séquestrés. Durant le mois d'août 1792, des bandes de pillards pénétrèrent dans le château de Chantilly et s'emparèrent de maints objets; aussi le ministre de l'intérieur, désireux de ne plus voir de semblables faits se renouveler, nomma-t-il une commission qui devait faire l'inventaire de tous les chefs-d'œuvre et de tous les objets rares qui se trouvaient dans le château et qui pouvaient être apportés à Paris. C'est ainsi que l'on transporta au Jardin des Plantes beaucoup de pièces d'histoire naturelle qui étaient à Chantilly. Bernardin de Saint-Pierre qui faisait partie de la commission se rendit à Chantilly, en avril 1793, avec Moreau et Puthod, de la commission des monuments, le naturaliste Valenciennes, le botaniste La Mark et un nommé Gaillard; il y resta jusqu'au 13 mai et durant sa mission écrivit souvent à Félicité.

2. Martin imprime 42 *francs*, alors qu'il n'y a qu'un signe douteux d'abréviation après 42.

3. Bernardin avait d'abord écrit : *quatre*.

sonnes du jardin [1], un marchand d'histoire naturelle [2], et deux commissaires de la commission des monuments [3]. On attela à notre voiture deux chevaux très maigres, et mon domestique étant monté sur le siège, le cocher d'un coup de fouet donna le signal du départ. A ce signal un de nos coursiers, soit de peur soit de faiblesse, tomba tout de son long, sans qu'il fût possible au cocher de le faire relever : cependant tous les voisins qui habitent la vaste cour du Petit-St-Martin s'étant réunis, à force de coups, de cordes, de prières et de jurements, vinrent à bout de le remettre sur ses jambes, lorsque la plupart de nos voyageurs étaient descendus et voulaient obliger notre voiturier de leur fournir un autre cheval, ce qui était impossible, car il n'avait que ces deux-là. Nous nous [4] attendions qu'ils nous laisseraient au milieu de la campagne, mais une fois en train d'aller, ils nous ont amenés tout d'une traite à Écouen à 4 lieues de Paris.

Je ne saurais vous peindre la beauté des champs couverts de pommiers fleuris, de prairies émaillées et d'une verdure naissante, il me suffit de vous dire que la campagne revêtue comme vous de son printemps, était aimable comme vous.

1. Du Jardin des Plantes. Ces trois personnes étaient La Mark, Valentiennes et Bernardin.
2. C'était Gaillard.
3. Moreau et Puthod.
4. Le mot : *nous*, oublié, a été écrit au-dessus de la ligne.

Pendant qu'on nous préparait notre dîner à Écouen, nous avons été visiter le Château dont le Citoyen Moreau [1] nous faisait admirer, en détail, l'architecture et la menuiserie. Pour moi, j'étais plus sensible à la mosaïque de sa cour [2] dont les petits pavés en compartiments noirs et gris étaient tous [3] bordés de lisières de mousses et de saxifrages en fleurs. Ces [4] traces de solitude au milieu d'un grand château dont plusieurs colonnes ont été renversées, me rappelaient la vanité des grandeurs humaines, et surtout celle d'Anne de Montmorency, qui a fait graver partout des anges qui s'agenouillent devant son épée de connétable ou qui l'embrassent, avec ces devises : *ad planos*, aux cieux — ou *Dieu et* [5] *mon grand service*, consonance orgueilleuse de celle des rois dont il était connétable [6] : *Dieu et mon épée.*

Après avoir philosophé sur la hauteur où est assis le château d'Écouen, exposé à un vent très froid, nous sommes redescendus au village où, après un mauvais dîner fort cher, nous avons continué notre route pour Chantilly au milieu des ondées de pluie qui se sont succédé toute l'après-midi. Nous nous

1. Aimé Martin imprime : *le Citoyen M....*
2. Après : *cour*, il y a dans le texte un mot rayé, illisible.
3. Le mot : *tous*, oublié, a été ajouté au-dessus de la ligne.
4. Le mot : *ces* est écrit au-dessus du mot : *que*, rayé.
5. Martin a imprimé : *est*.
6. Les mots : *dont il était connétable*, oubliés, ont été écrits au-dessus de la ligne.

sommes consolés du mauvais temps par la bonne société qui a été enjouée et instructive. Pour moi j'étais assez silencieux, pensant non aux châteaux, mais aux chaumières, et désirant bientôt habiter la mienne avec celle qui par sa douceur, sa gaîté, ses grâces, son bon esprit et la foi qu'elle m'a promise doit être le charme de ma vie. Cependant j'ai observé qu'il n'y avait point encore de temps perdu pour la saison, car les arbres sont beaucoup moins avancés dans les campagnes qu'aux enviro.... [1] de Paris. Les ormes de la route n'ont presque pas de feuilles, et quand nous avons été dans la triste plaine de Chantilly, nous avons trouvé son [2] bois de chênes comme au milieu de l'hiver, si ce n'est que quelques bouleaux montraient çà et là leur verdure naissante.

Nous sommes arrivés sur les huit heures à Chantilly [3], où un garde national est venu d'abord nous demander nos passeports, mais sachant qui nous étions il s'est empressé de nous mener chez les députés de la Convention qui nous [4] attendaient avec impatience [5].

Nous sommes logés chez le citoyen *de laitre ou*

---

1. Une tache d'encre, semblant avoir été faite à une autre époque, cache la fin du mot : *enviro....*
2. Le mot : *son* est raturé.
3. Les mots : *à Chantilly*, oubliés, ont été ajoutés au-dessus de la ligne.
4. Le mot : *nous* est raturé.
5. Après : *impatience*, il y a le mot : *et*, rayé.

cigne près de l'église [1]! C'est là où je vous prie de m'adresser des lettres écrites avec votre âme pour me dédommager de l'ennui de votre absence.

J'ignore le temps que nous allons passer ici. On vend tous les effets du château et nous allons inventorier ceux du cabinet d'histoire naturelle. L'oiseau de St Pierre m'a réveillé à quatre heures et demie du matin, par ses chants aigus, mais [2] j'espère que l'oiseau de Félicité m'en dédommagera ce soir dans le parc par ses sons harmonieux; quoi qu'il en soit, le coq n'est pas moins que le rossignol un symbole de l'amour conjugal, puisse ma poule être sensible à mes chants, oiseau du matin je ne changerai pas mon sort pour celui du printemps.

Mille amitiés à vos respectables parents, mon aimable enfant je t'embrasse [3] de tout mon cœur.

[4] Ce 2 de ton [5] mois au lever de l'aurore.

1. Les mots : *de laitre au cigne près de l'église!* sont soulignés dans la lettre.
2. Aimé Martin a imprimé : *et*.
3. Aimé Martin imprime : *je vous embrasse*.
4. Martin imprime : *Chantilly*; ce mot n'est pas dans le texte.
5. Martin imprime : *votre*.

27. — DE BERNARDIN DE SAINT-PIERRE [1].

> *A la Citoyenne félicité didot*
> *chès le Citoyen didot le jeune*
> *imprimeur quay des augustins*
> *A Paris.*

Voici, ma tendre amie, la troisième lettre que je vous adresse depuis mon arrivée à Chantilly [2], sans que j'en aie encore reçu une seule de vous. La saison dure [3], l'absence et les affaires me rendent un peu mélancolique et j'attendais de vous la plus douce de mes consolations. Je me suis quelquefois imaginé [4] que vous viendriez me surprendre agréablement par votre arrivée soudaine. Pure illusion, je n'ai pas reçu seulement [5] de vous le moindre petit billet : je ne vous en fais pas de reproches, si vous avez attendu à recevoir d'abord une lettre de moi, il n'y a pas de temps perdu [6] pour la réponse. J'espère même en recevoir

1. De Chantilly; — du 4 avril 1793; — pas signée; — porte une adresse; — oblitérée; — publiée en grande partie par Aimé Martin (même remarque que pour la lettre n° 26). — Cette lettre porte le n° 6 dans la *Correspondance imprimée* et dans la collection Gélis-Didot.
2. Il nous manque donc une letttre envoyée entre le 2 et le 4 avril.
3. Le mot : *dure*, oublié, a été ajouté au-dessus de la ligne.
4. Le mot : *imaginé* est raturé.
5. Martin imprime : *seulement reçu.*
6. Martin imprime : *à perdre.*

une ce soir, mais comme la poste n'arrive qu'à dix heures j'ai encore un peu à souffrir[1].

Tout est ici dans une tranquillité parfaite, ce qui provient de la solitude du lieu. On n'y verrait je crois personne dans les rues si la vente des meubles du château n'y attirait pas quelques marchands. Je ne sais si le même silence règne dans les bois qui avoisinent le château, car nous en sommes trop loin pour en entendre les rossignols. Nous en jouirons un jour dans notre hermitage dont le séjour pour deux cœurs qui s'aiment est mille fois préférable à celui des châteaux. Chantilly[2] jadis le séjour des plaisirs bruyants et de la magnificence est dans un état qui fait pitié, je[3] vais et viens dans ses somptueux appartements, dont les bronzes, les porcelaines, les tableaux, les dorures, les riches tentures, gisent[4] par terre, sur les parquets, pour être successivement transportés dans la salle d'encan et livrés aux avides fripiers.

Je sens de plus en plus par votre absence combien vous êtes nécessaire à mon bonheur. Pouvez-vous en dire autant de la mienne? et si vous en êtes touchée à qui vous en plaindrez-vous si ce n'est à moi. Mais n'insistons pas, je suis toujours disposé à croire que l'objet que j'aime a plus de raison que moi [et vous

---

1. En marge de ce passage il y a, écrit au crayon, le mot : *bon*.
2. Le mot : *Chantilly* est raturé.
3. Après le mot : *je*, il y a dans le texte plusieurs mots rayés, illisibles.
4. Le mot : *gisent* est raturé.

m'en avez tant montré dans des moments où je n'en avais plus que j'étais fâché de vous en voir un peu trop [1]. Adieu ma bien-aimée, souvenez-vous que ma foi est aussi tendre que constante. Malgré [2] vos retardements je vous embrasse de tout mon cœur.

[3] Ce samedi [4] 4 avril 1793 [l an 2 de la république [5]].

28. — DE FÉLICITÉ DIDOT [6].

Au Citoyen
St-Pierre
A Essonnes.

Ce 7 avril 1793.

Vous restez bien longtemps à la campagne, mon ami ; je ne sais si vous avez reçu une lettre où je vous marquais combien votre absence me rendait chagrine, et dont [7] je m'étais flattée d'un mot de réponse pour me dédommager ; mais je ne le vois que trop le bonheur d'être à la campagne vous fait oublier vos amis.

1. Ce passage a été supprimé par Aimé Martin.
2. Le mot : *malgré* est raturé.
3. Martin imprime, avant la date : *Chantilly* ; ce mot n'est pas dans le texte.
4. C'était un jeudi et non un samedi.
5. Cette date n'a pas été imprimée par Martin.
6. De Paris ; — du 7 avril 1793 ; — elle est adressée au Citoyen St-Pierre à Essonnes ; Félicité devait pourtant savoir qu'il était à Chantilly, aussi Bernardin se plaint-il de ne pas recevoir de réponse ; — signée ; — pas oblitérée ; — publiée dans la *Revue des Deux Mondes* avec le n° 17. — Cette lettre porte le n° 35 dans la collection Gélis-Didot.
7. Le mot : *dont* oublié, a été ajouté au-dessus de la ligne.

O! vous qui souvent, sans un sujet fondé, me taxez d'indifférence, pouvez-vous me donner une si forte raison d'être assurée de la vôtre; car je mets en fait que vous n'ayez pas reçu ma lettre, si vous m'aimiez autant que vous le dites, vous m'eussiez sans doute forcée à rompre un silence qui aurait eu lieu de vous étonner; ce n'est sûrement pas le temps qui vous a empêché de le faire et quand même, un véritable amour sait vaincre de plus grands obstacles; enfin de quelque manière que je puisse penser je vois toujours les preuves les plus convaincantes de votre indifférence, ce qui me cause des peines que vous ne savez sentir, mais encore ne sauraient-elles m'empêcher d'adorer celui que j'aime plus que ma vie.

F^{té} Didot.

29. — DE FÉLICITÉ DIDOT [1].

.... c'était le tien et dans l'idée que tu avais posé cette main [2] que je baise avec tant de plaisir, à l'endroit où .

1. Sans indication de lieu, ni de date; mais écrite de juillet 1792 à juillet 1793, période pendant laquelle Bernardin fut Intendant du Jardin des Plantes, fonction dont il est fait mention dans la lettre; — pas signée; — sans adresse; — pas oblitérée. — Le texte que nous publions se lit sur un feuillet, détaché, selon nous, d'une lettre; l'écriture couvre le verso et le recto du feuillet; c'est en examinant la déchirure du papier que nous avons conclu qu'il fallait imprimer d'abord le passage ci-dessus (les deux fragments de la lettre n'ayant aucune corrélation); — inédite. — Cette lettre se trouve à la Bibliothèque du Havre (dossier 201, p. 16).

2. *Main* : difficile à lire.

était la mienne. Mais si donne[1] douce jouissance, par chaque chose qui nous le rappelle; il nous occasionne[2] aussi quelquefois des regrets, par exemple en passant devant ta maison le souvenir des caresses que tu m'y avais données et auxquelles j'ai répondu avec toute la tendresse dont mon cœur est capable lorsque[3] mon[4] âme ne craint pas pour sa tranquillité, me causa tant de chagrin d'en être privée depuis si longtemps qu'il se fit un changement total au point qu'on s'en aperçut, et qu'on me demanda si j'étais incommodée, ou si j'avais quelque chagrin. Moi! pas du tout, mais dans ces temps-ci l'on n'est pas toujours tranquille, puis quelque temps après, tout en m'informant à Mr Bailly si ton ouvrage ne souffrait pas de retard[5] de ton absence, je fis tomber la conversation sur toi pour me distraire, et je jouis toujours en entendant faire l'éloge de celui qui m'est plus cher que la vie (non comme auteur ou comme *intendant du*[6] *jardin des plantes*[7]), sur sa bonté et sur sa justice.

. . . .

1. Les mots : *si donne* sont difficiles à lire.

2. Le mot : *occasionne* a été écrit au-dessus d'un mot rayé, illisible.

3. Le mot : *lorsque* est raturé; Félicité avait écrit : *lorsqu'il.*

4. Après *mon*, il y a, dans le texte, deux mots rayés, illisibles.

5. La fin du mot *retard* est biffée. Félicité avait dû écrire : *retardement.*

6. Le mot : *du* est corrigé.

7. Les mots : *intendant du jardin des plantes* sont soulignés dans le texte.

.... j'ai eu de [1] trop douces jouissances en dînant dans [2] ce jardin, seul de notre compagnie, pour ne pas t'en faire part; le plaisir d'être dans un nuage [3], de la charmante campagne où je dois vivre avec toi, ajoutait au plaisir du repas, je me plaisais à penser que [4] nous pourrions nous procurer ce plaisir [5] quelquefois mais bien plus agréable encore l'idée de t'offrir dans la belle soirée de l'été, lorsque la lune répand ses rayons argentés, dans un endroit que ton goût [6] aura préféré aux autres, une [7] collation de fruits que ton épouse aura cueillis et conservés; dont [8] j'aurai varié les goûts en faisant quelques compotes ou de ces choses qui composent une jolie collation propre et abondante; quel!... sera mon plaisir si je puis te rendre heureux comme je jouirai de l'abondance et de la propreté que je veux entretenir chez mon époux, s'il y paraît sensible; dans ce [9] moment heureux [10], la sérénité du temps, les feuilles mollement [11] agitées par

1. Le mot : *de*, oublié, a été ajouté au-dessus de la ligne.
2. Le mot : *dans* est corrigé.
3. Les mots : *un nuage*, difficiles à lire, sont douteux.
4. Le mot : *que* est corrigé.
5. Après : *plaisir*, il y a, dans le texte, un mot rayé, illisible.
6. Après : *goût*, il y a, dans le texte, deux ou trois mots rayés, illisibles.
7. Après : *une*, il y a un mot rayé, illisible.
8. Après : *dont*, il y a deux mots rayés, illisibles.
9. Félicité avait d'abord écrit : *ces*, elle a rayé l'*s*.
10. Le mot : *heureux* est raturé.
11. Le mot : *mollement* a été écrit au-dessus d'un mot rayé, illisible.

le simple zéphir, enivre [1]... nos sens [2] et [3] la douce
lumière de l'astre des amants. . . . .

30. — DE FÉLICITÉ DIDOT [4].

> *Au Citoyen*
> *de St-Pierre chez*
> *le Citoyen de l'aître*
> *au Cigne de la Croix*
> *près l'église à*
> *Chantilly.*

Je ne saurais vous peindre, trop aimable ami, le
plaisir que m'ont coûté vos deux lettres consécu-
tives; cette preuve sensible de votre attachem... [5]
m'est on ne peut plus chère, et je serais tentée, sauf
le plaisir que j'éprouve à vous voir parfaitement content, de me réjouir des ennuis que [6] vous éprouvez
dans la société, puisqu'il vous donne sujet de vous
occuper si tendrement de votre amie. Je désire, aussi
vivement que vous, la solitude que vous ambitionnez;

1. La fin du mot est illisible.
2. Le mot : *sens* est difficile à lire.
3. Le mot : *et*, oublié, a été ajouté au-dessus de la ligne.
4. De Paris; — du 4 mai (1793); — pas signée; — porte une
adresse; — oblitérée; — inédite en partie, MM. Maury et Largemain en ayant publié certains passages. — Cette lettre se
trouve à la Bibliothèque du Havre (dossier 201, p. 20 et 21).
5. On ne peut lire les dernières lettres, le mot s'arrêtant au
bord du feuillet.
6. Le mot : *que* est raturé.

puissé-je m'y voir occupée du soin de votre bonheur,
sans autre témoin, de celui dont nous jouirons
mutuellement, que nous-mêmes, apportant tous mes
soins à vous faire trouver encore plus [1] aimable une
retraite faite pour vous plaire par ses agréments
naturels, joints à ceux que votre goût doit y ajouter;
car je n'ai rien plus à cœur, que de voir passer des
jours heureux et tranquilles à un ami qui le mérite à
tous égards, persuadée d'avance que votre amitié
répondra aux petits soins que me suggéreront mon
penchant naturel à vous complaire. Les idées de
votre bonheur sont toujours celles qui m'occupent
agréablement, et tout en réfléchissant au charmant
séjour qui en doit être le centre, je me disais, puisque
l'on donne pour [2] si bon compte à l'inventaire où se
trouve, il me semble qu'il pourrait bien profiter de cette
occasion pour acheter quelque ameublement convenable à sa chaumière, pensant qu'ayant plusieurs [3]
effets à faire transporter pour le cabinet, il t'aurait
été facile de traiter avec quelque voiturier pour te [4]
les faire parvenir sans beaucoup de frais; au reste tu
sais mieux ce que tu as à faire là-dessus que moi,
cette idée ne peut rien valoir, mais je m'attache à ton
bonheur.

1. Après : *plus*, il y a deux mots rayés, illisibles.
2. Le mot : *pour* est écrit au-dessus du mot : *à*, rayé.
3. Après : *plusieurs*, il y a un mot rayé, illisible.
4. Le mot : *te* est raturé.

[J'espère que tu auras reçu ma première lettre que j'avais[1] adressée au château; s'il en était autrement j'en aurais du regret, parce que tu aurais eu quelque moment à te plaindre de moi; et quoique indirectement [je serais très fâchée de t'occasionner de la peine; il n'en est pas toujours ainsi de toi à mon égard, souvent, en me faisant plaisir, tu m'as causé de la peine, mais le plaisir doublera[2] et la peine sera oubliée lorsque j'aurai le bonheur d'être ton épouse][3], d'ailleurs je ne me plains plus tant depuis que j'ai lieu d'être assurée de ton amour[4]][5]; la faute reste seule sur moi, sur ma faiblesse et sur ce que je me suis singulièrement écartée des principes que je m'étais dictés, depuis que j'ai été portée de connaître combien l'amour est dangereux si l'on ne sait y résister; puissé-je bientôt avoir lieu d'oublier ma faute en resserrant des nœuds indispensables de mon bonheur, c'est dans cette espérance que je désire d'être toujours ta félicité : [ce 4 mai à minuit de ma tranquille cellule tout occupée d[6]...

Reviens promptement si tu ne veux que je perde entièrement l'idée du sommeil, voici deux nuits que

1. Après : *avais*, il y a un mot rayé, illisible.
2. Le mot : *doublera* est écrit au-dessus d'un mot rayé, illisible.
3. Passage cité par M. Maury.
4. Après : *amour*, il y a un mot rayé, illisible.
5. Passage cité par M. Largemain.
6. Le bas de la page est déchirée; M. Largemain, plein de bonne volonté, supplée à cette absence et imprime : *de toi*. (!)

je passe entièrement blanches depuis ton départ, tout occupée de toi dans la journée mon imagination s'échauffe, et][1] n'ayant pas l'occasion de te communiquer la chaleur de[2] mon amour par mes[3] baisers brûlants [la[4] nuit se ressent de notre séparation ; je sais que tu vas m'exhorter à me tranquilliser, mais je le[5] voudrais aussi, car je souffre réellement de ces insomnies ; une nuit passée dans une agitation continuelle, et toujours brûlante, ne rafraîchit[6] pas les sens ; j'en conclus de là que tout est peine éloigné de ce qu'on aime; il est midi je vais tâcher de réparer mes forces. Adieu.][7]

31. — DE BERNARDIN DE SAINT-PIERRE[8].

A la Citoyenne félicité didot
chès le Citoyen Didot le jeune,
imprimeur quay des Augustins
à Paris.

Je n'ai point encore reçu de vos nouvelles, mon aimable amie, j'en attends ce soir, et vous recevrez

1. Passage cité par M. Largemain.
2. Après : *de*, plusieurs mots rayés, illisibles.
3. Après : *mes*, il y a le mot : *embras...* qui a été biffé.
4. Le mot : *la* est raturé.
5. Le mot : *le* est raturé.
6. Le mot : *rafraîchit* est difficile à déchiffrer : il y a *rafreihei*.
7. Passage cité par M. Largemain.
8. De Chantilly ; — du 5 mai 1793 ; — pas signée ; — porte une

aujourd'hui la lettre que je vous écrivis hier. Ce matin l'oiseau de l'aurore m'a réveillé un peu plus tard qu'à l'ordinaire. Pendant que mes compagnons dorment encore, je fais mon bonheur de vivre dans votre souvenir en vous traçant quelques lignes à la hâte.

Il fait ici un temps fort rude. Hier, il tomba une grosse grêle, qui j'espère n'aura point fait de mal. Notre besogne est en train, et quoique je ne puisse pas encore dire quand elle finira, je crois qu'elle ne sera pas d'aussi longue durée que je le craignais [1] : elle donnera le temps au mois de mai d'étendre sur la campagne son doux empire et de revêtir de feuillage les ormes qui doivent vous ombrager jusqu'à Essonnes. Vous aurez aussi celui d'achever votre inventaire à Paris. Il y a ici une vente immense de meubles de toutes espèces [2], et il n'y a presque point de marchands. On y donne de très belles choses à fort bon marché. Ce sont des fripiers de Paris qui en profitent. Nos commissaires, nos collègues ont arrêté la vente des marbres, tableaux et porcelaines, qui se donnaient pour rien. Ce serait bien un motif pour des mères de famille de venir acheter ici du linge et des lits, mais la vôtre aurait sans doute encore de plus

adresse; — oblitérée; — publiée dans la *Revue des Deux Mondes* avec le nº 18. — Cette lettre a le nº 49 dans la collection Gélis-Didot.

1. On lit : *non*, en marge de ce passage.
2. Ce sont les meubles du château de Chantilly dont parle Bernardin.

justes raisons de faire le voyage de Chantilly, sans ses propres affaires et la rude saison. Puissé-je vous voir arriver l'une et l'autre bientôt.

Tendre amie, on n'est heureux qu'en aimant. On n'est heureux que dans une solitude avec l'objet aimé. Puissent ces sentiments, dont mon cœur est plein, pénétrer le vôtre : puissiez-vous me les exprimer dans vos lettres avec les expressions de l'amour, elles banniront les ennuis et les sollicitudes qui naissent toujours du commerce des hommes. Fille de l'aurore je t'embrasse de tout mon cœur. Songe que tu es la plus chère moitié de ma vie.

A Chantilly ce 5 mai.

Mille amitiés à ta famille et mon amour pour toi seule.

32. — DE BERNARDIN DE SAINT-PIERRE [1].

A la Citoyenne félicité didot
chès le Citoyen didot imprimeur
quay des Augustins
à Paris.

Mon aimable amie, ne m'écrivez plus à Chantilly [2]. Je compte en partir demain pour Paris, et si je ne

---

1. De Chantilly ; — du 8 mai 1793 ; — pas signée ; — porte une adresse ; — oblitérée ; — publiée dans la *Revue des Deux Mondes* avec le n° 49 ; — c'est cette lettre qui a été lue par Mme Didot, la mère de Félicité. — Cette lettre porte le n° 50 dans la collection Gélis-Didot.

2. Ce mot est raturé.

trouve pas de place ce sera pour samedi. Plusieurs affaires me rappellent à Paris, mais il est temps surtout que j'aille à Essonnes. Le jardinier Baudet me mande que les terrassiers vont se trouver sans travail, parce que, dit-il, on ne peut avoir ni bateau ni voiture depuis que je suis fâché avec Mr Didot; vous voyez que la discorde règne dans les campagnes même. Bannissons-la des familles s'il est possible. Vous, que je tâche de rapprocher de moi par la plus intime des unions, c'est une œuvre digne de vous de me concilier la bienveillance de tous vos parents et de dissiper les nuages qui peuvent s'être interposés entre leur amitié et la mienne.

Votre lettre en réponse aux miennes m'a fait le plus sensible plaisir. Je suis fâché cependant de ces insomnies qui vous brûlent le sang. Ce n'est pas de ma faute. Au reste l'amour ressemble au feu ; il réchauffe si on s'en tient à peu de distance, il consume si on s'en approche de trop près[1]. Tenonsnous-en assez loin pour ne ressentir que sa douce chaleur jusqu'à ce que nos flammes puissent se confondre. Amie très aimée[2], je suis fâché de ces ressouvenirs qui altèrent de temps en temps la confiance que vous m'avez promise et que je mérite. Personne ne vous chérit et ne vous estime plus que moi. Vous êtes la plus chère portion de mon bonheur et je ne

1. On lit : *non,* en marge de ce passage
2. Le mot : *aimée* a été raturé.

connais aucune personne de votre sexe qui me convienne plus de tout point. Puissiez-vous en dire autant de moi. Pourquoi donc as-tu des repentirs? si quelques faveurs superficielles sont des fautes, elles doivent sans doute être sur mon compte, puisque je les ai en quelque sorte arrachées. Mais songe que l'amour justifie tout et pardonne tout. Si tu m'aimes donc ne fais plus de reproches à ton amant. Regarde-moi comme ton futur époux et travaille de ton côté à aplanir toutes les difficultés qui peuvent retarder notre union.

Il serait sans doute facile de trouver dans un château de quoi meubler notre chaumière, mais on m'en offrirait tout le mobilier en présent que je n'en accepterais rien, à cause de la mission dont je suis chargé. Vous penserez comme moi vous qui sentez si bien.

' Je comptais partir demain avec le Citoyen Moreau et un de mes collègues, mais, comme il en reste deux autres, j'ai cru, pour le bon exemple, devoir rester le dernier, quoique ma mission soit à peu près finie. Je ne partirai donc que samedi, à huit heures du matin, par la messagerie, et si vous sentez tout le prix que j'attache aux expressions de votre amour je recevrai encore une réponse à la présente avant mon départ. Ce mercredi 8 mai 1793 l'an 2 de la république.

Je ne loge point au signe de la croix, mais au

1. Ce dernier passage de la lettre semble avoir été écrit plus tard que le début de la missive.

Cigne[1], oiseau dont le plumage est aussi blanc que votre âme.

Ma lettre partant à minuit de Chantilly doit vous être rendue jeudi après midi, en me répondant avant le lendemain onze heures[2], je recevrai la vôtre vendredi au soir.

Je vous embrasse de tout mon cœur. Je ferai tout mon possible pour aller vous demander à dîner dimanche.

33. — DE FÉLICITÉ DIDOT[3].

Au Citoyen

St Pierre, chez le Citoyen

de Laitre au Cigne près

[4] *l'Église*

A Chantilly.

Je suis heureuse mon ami, puisque vous allez revenir, mais en même temps fâchée des nouvelles

1. Ce mot est souligné sur le manuscrit et orthographié sans *y*.
2. Les mots : *avant le lendemain onze heures*, ont été ajoutés au-dessus de la ligne; Bernardin avait écrit, puis rayé : *sur-le-champ*.
3. Sans indication de lieu, mais de Paris; — datée du : 10 mai l'an 2ᵉ de la république, donc du 10 mai 1794, ce qui est impossible, puisque Bernardin était à Chantilly en *1793*; Félicité s'est trompée en écrivant : an 2ᵉ; cette lettre est bien du 10 mai 1793 (vendredi), elle répond en effet à celle de Bernardin datée du 8 mai 1793; — signée; — porte une adresse; — oblitérée; — inédite. — Cette lettre se trouve à la Bibliothèque du Havre (dossier 201, p. 21 et 23).
4. Avant : *l'Église*, on peut lire deux mots rayés : *la Croix*

que Baudet vous mande; peut-être aussi n'y a-t-il pas tout à fait que de la mauvaise volonté de la part de St Léger. Car je me rappelle très bien, qu'un jour Cadet étant venu chez vous, il vous avait fait dire de voir à acheter un bateau parce que les siens lui étaient nécessaires dans ce moment-là, où il paraît qu'il fait aussi travailler; je ne prétends pas dire qu'il n'y ait pas un peu de morgue, vous connaissez son caractère aussi bien que moi, mais j'ai lieu d'en être étonnée, parce que je sais l'intérêt avec lequel mon papa l'a pour ainsi dire prié de veiller à votre maison : mais sans doute que très strict sur ce qu'on lui recommande ne porte-t-il ses soins que sur cet objet seulement.

De quelque manière que ce soit je te promets pourtant, quoique je[1] n'aime point à démêler avec ces caractères emportés et fiers, de[2] me dompter moi-même, pour engager St Léger à ne pas employer ces petits moyens de vengeance, indignes d'un homme de bon sens; toutes difficultés me sont aplanies[3] pour contenter ce que j'aime, mais en revanche ne doute donc plus du sentiment tendre que tu m'inspires; cette méfiance est continuellement présente à ma pensée et fait vraiment mon tourment; lorsque je vois la manière tendre et délicate avec laquelle tu

1. Après : *je* il y a deux mots rayés, illisibles.
2. Après : *de* il y a un mot rayé, *je.*
3. Ce mot est raturé.

m'aimes, je me dis il fait mon bonheur; mais je n'ai pas celui-là, et il en est ainsi de tout ce qui pourrait me satisfaire; très aimable ami je ne saurais être heureuse [1] si vous ne l'êtes pas [2] le premier, ainsi, si vous m'aimez sincèrement, vous tâcherez de bien vous convaincre de la sincérité de mon amour, et vous éloignerez tous soupçons indignes de votre amie.

Je finis promptement, cher amant, dans la crainte que vous ne receviez pas ma lettre aujour [3]... en vous assurant que je vais porter tous mes soins à faire cesser les ressentiments de St Léger; je crois pouvoir y tenter, car je sais que tout despote qu'il est il a de l'amitié pour moi. Adieu, je voudrais pouvoir t'embrasser aussi tendrement que mon âme le désire.

FÉLICITÉ.

Ce 10 mai l'an 2e de la république.

34. — DE FÉLICITÉ DIDOT [4].

Je m'en étais bien doutée, trop sensible amant, que la dernière page de ma lettre te causerait du chagrin;

1. Le mot : *heureuse*, oublié, a été ajouté au-dessus de la ligne.

2. Après : *pas*, il y a deux mots rayés, illisibles, et au-dessus : *le premier*.

3. Il y a peut-être simplement : *aujour*, en un seul mot, et non le commencement du mot : *aujourd'hui*.

4. Sans indication de lieu, ni de date; mais postérieure au 8 mai 1793, puisqu'il y est fait allusion à la lettre du 8 mai

aussi à peine fut-elle partie que j'en ressentis moi-même des expressions qu'elle contenait; mais puisque trop de vivacité a servi à te faire connaître à quelle douleur mon âme serait en proie si tu prenais encore des doutes pour un si petit sujet, qu'elle serve aussi à t'apprendre que lorsqu'on aime bien, les doutes sont des offenses mortelles [1]; je ne veux pas pour cela que tu me caches tes peines. Tu ne saurais me regarder comme une autre partie de toi-même et en user ainsi avec moi : toi! qui possèdes entièrement mon âme, je veux avoir part entière dans la tienne, serais-je aimée, si je n'avais pas toute la confiance de mon amant : tâche seulement, lorsque tu auras à te plaindre de moi, de te persuader que ce n'est pas par défaut d'amour que j'ai manqué, et alors je ne ressentirai de peine que celle que je t'aurai causée.

Il est midi, et la douce espérance de te voir dans deux heures, répand dans moi un contentement secret que je ne saurais peindre; ce n'est point une joie bruyante, mais une joie pure et aussi attrayante que la mélancolie, que ton absence y portait avant que tes doutes m'eussent affligée, le plaisir de te revoir, de t'embrasser, de te presser [2] sur mon cœur.

qui parle de « faveurs superficielles », et qui a été lue par Mme Didot; --signée; — sans adresse; — pas oblitérée; — publiée dans la *Revue des Deux Mondes* avec le n° 20. — Cette lettre a le n° 36 dans la collection Gélis-Didot.

1. Ce mot a été corrigé.

2. Mot corrigé; Félicité avait écrit : *serrer*.

Mais?... je doute que je puisse goûter ce doux plaisir, étant très persuadée que maman a décacheté une de tes lettres, et précisément celle où tu parles de faveurs arrachées; j'ai même remarqué en elle depuis ce temps un peu d'humeur, et je pense bien, d'après cela, qu'elle va nous quitter moins que jamais.

Il n'est qu'un moyen d'échapper à cette gêne, c'est de finir le plus promptement possible.

J'ai parlé à St Léger sur ce qui te fait de la peine; son défaut n'est pas de se perdre en réponse d'amitié, mais je crois cependant qu'il y aura égard. Adieu, cher époux, je t'embrasse comme je le ferai alors, en attendant que je t'embrasse encore; bientôt comme amante.

FÉLICITÉ.

35. — DE FÉLICITÉ DIDOT [1].

Au Citoyen
St Pierre auteur des
Études de la nature à
l'intendance du jardin des Plantes.

Es-tu malade mon ami, pourquoi as-tu précisément manqué de venir le jour que ton épouse future avait

---

1. Sans indication de lieu, ni de date, mais probablement postérieure à mai 1793; — signée; — porte une adresse; — oblitérée; — publiée dans la *Revue des Deux Mondes* avec le n° 24. — Cette lettre a le n° 37 dans la collection Gélis-Didot.

le plus besoin [1] de toi. J'ai passé la plus malheureuse journée qu'il soit possible, j'en suis encore toute troublée, à peine sais-je ce que j'écris....

J'ai vu aujourd'hui ce qui peut m'arriver de plus malheureux après la perte de ton amitié que je mets au-dessus de tout, j'ai vu la dissension parmi mes frères, moi qui mettais toute ma joie à les voir bien ensemble; mon père hors de lui de voir une pareille scène, et maman par le même sujet dans l'état le plus pitoyable où les attaques de nerfs l'aient jamais mise; moi seule, hélas, avais conservé assez de sang-froid pour sentir toute l'horreur d'une pareille scène; certainement en pareil cas un long évanouissement m'eût été plus heureux. Bon dieu mon ami que l'homme est effroyable et méprisable dans les excès d'emportement, et combien peu alors nos larmes et nos prières sont écoutées.

Je te révèle là des choses dont je ne devrais pas t'importuner et que je devrais même cacher pour l'honneur de mes frères, mais tu es tout pour moi, après Dieu tu es toute ma consolation; tu es [2] plus pour moi que père, mère et frères. C'est toi qui réunis mes affections les plus tendres, c'est de toi que je voudrais des conseils, car je sens toute l'horreur du procédé de mes frères sans pouvoir la leur faire partager, et cependant tout mon désir serait de les voir

1. Après : *besoin*, il y a dans le texte deux mots rayés.
2. Félicité avait d'abord écrit : *tu m'es*; elle a rayé l'm.

réconciliés. Mais! mon ami je sens que je dois te fatiguer, tu as tant d'autres têtes exaltées par le chagrin qui s'adressent à toi, sûrement tu ne peux te mettre à ma place et sentir combien j'ai lieu d'être désolée; mon ami pardonne-moi en faveur de mes peines, je ne devrais pas t'en ennuyer toi qui seul fais mon bonheur.

Ce jeudi à minuit.

F^{té} DIDOT.

36. — DE BERNARDIN DE SAINT-PIERRE [1].

J'ai écrit au Ministre de la guerre une lettre en faveur de ton frère. J'y ai passé une partie de ma matinée. Je voulais en écrire une autre à ton frère St Léger sur l'événement dont tu me fais part, mais j'ai cru que ce serait te compromettre car il pensera que tu m'en as instruit. Je trouve plus convenable que tu lui en écrives toi-même avec cette douceur qui est le fond de ton caractère et qui étant un jour développée doit faire ton bonheur et celui de tout ce qui t'environne.

Engage-le donc par ce qu'il doit à son père de lui écrire sur les reproches qu'il a à se faire par rapport à

---

1. Sans indication de lieu, ni de date; mais postérieure à la précédente, à laquelle elle répond; — pas signée; — sans adresse; — pas oblitérée; — inédite. — Cette lettre se trouve à la Bibliothèque du Havre (dossier 144, p. 27 et 28).

son frère. Dis-lui ce que t'inspirera ton cœur et tu le persuaderas, peins-lui l'état de ta mère, le tien [1]. Rappelle-lui que son père est l'arbitre de son bonheur et que son retour vers son frère ramènera son père à lui. Voilà, ma chère amie, une œuvre digne de toi : une femme doit être un ministre de paix parmi des hommes furieux [2]. C'est pour calmer [3] les passions violentes des hommes, que la nature a donné pour armes aux femmes, des traits [4] doux, une voix touchante et des larmes.

Ne te glorifie donc point avec moi de la force de tes bras, tu ne peux triompher que par ta faiblesse.

Tu sentiras de jour en jour, ma tendre amie, le prix du bonheur de l'intimité et de la solitude. Les événements d'hier t'en ont dit plus que ma lettre. La tienne m'a touché. Plus je te connais plus je te trouve digne de mon amour et de mon estime. Exerce-toi donc à de douces vertus, comme sœur et comme fille, non que je veuille les mettre jamais à l'épreuve mais afin que je t'en puisse donner la récompense un jour comme ton époux. Puissé-je un jour te faire trouver en moi ainsi que tu le dis, père, mère, frère. Un mari doit être tout cela et encore quelque chose de plus. Je t'embrasse comme tu mérites d'être embrassée. Adieu,

---

1. Après : *tien*, il y a deux mots rayés : *dis-lui*.
2. Le mot : *furieux* est difficile à lire.
3. Le mot : *calmer* est raturé.
4. Après : *traits* il y a un mot rayé, illisible.

mes amours; confie-moi toujours tes peines, et tes plaisirs. Corrige donc ton orthographe, — tu dois dire *j'ai vu*[1] et non *j'ai vue* — *scène*, lieu où se passe un événement et non *seine*, rivière; *je révelle* et non *je rével*; je *devrois cacher* à l'infinitif et non *caché* au participe; *l'horreur* et non *l'horreure*.... Au reste ta lettre est pleine de sentiment, de jugement, et de grâce dans le style. Tu n'as à réformer que de petits défauts, pourquoi les négliger[2]? Embrasse-moi et ne te fâche pas de ma critique.

37. — DE FÉLICITÉ DIDOT[3].

> *Au Ci.....*
> *St-Pierre*
> *auger, au.....*
> *d'Essonnes, A Essonnes*[4].

[Je t'avais dit en plaisantant que je t'écrirais si j'étais en train, mais quand je suis éloignée de toi je ne sens que trop la nécessité de le faire. Je désirerais aussi avoir de tes lettres, mais je crains que tes occupations ne te le permettent pas, va! je n'en serai pas

1. Ces mots sont soulignés dans le texte.
2. Après : *négliger?* il y a un mot rayé : *ne.*
3. De Paris probablement; — du 8 juin 1793; — signée; — porte une adresse; — pas oblitérée; — inédite en partie, M. Largemain en ayant cité un passage. — Cette lettre se trouve à la Bibliothèque du Havre (dossier 201, p. 24).
4. La partie de la lettre où se trouve l'adresse est mutilée.

pour cela moins sûre de ton amour, j'ose à présent
véritablement me flatter que tu m'aimes, on n'est pas
si aimable sans cela. Dans une seule chose tu n'es
pas si empressé que moi, et je ne sais à quelles bonnes
raisons[1] attribuer cela, pour moi je serais vraiment
bien malheureuse si je m'étais trompée, car je n'en-
trevois d'autre bonheur que de passer ma vie avec
toi.][2]

Je suis impatiente d'apprendre comment vont tes
travaux et l'accueil que t'aura fait mon frère,
j'éprouve une sorte de peine qu'une[3] habitation qui
semble[4] se former pour ton bonheur commence par[5]
te causer tant d'embarras; enfin Dieu veuille que tu
en sentes mieux[6] après le prix d'y être tranquille et
puisse la Félicité te faire oublier toutes ces petites
contrariétés.

Je suis aujourd'hui toute mal à mon aise, j'ai assez
mal dormi, et le matin en me levant sur les quatre
heures, il m'a pris une faiblesse avec un léger frisson
dont je ne suis pas encore bien remise; ta présence[7]
sans doute me guérirait de cette petite[8] indisposition,
puisque le seul plaisir de t'écrire me la fait oublier;

1. Le mot : *raisons* est raturé.
2. Passage publié par M. Largemain.
3. Après : *une*, il y a un mot rayé, illisible.
4. Après : *semble*, il y a un mot rayé, illisible.
5. Le mot : *par* est répété.
6. Le mot : *mieux*, oublié, a été écrit au-dessus de la ligne.
7. Le mot : *présence* est raturé.
8. Le mot : *petite* est raturé.

adieu parfait amant, dans mon état de souffrance je prie Dieu qu'il te conserve la santé et suis toute à toi.

FÉLICITÉ.

Ce samedi 8 juin 1793.

38. — DE BERNARDIN DE SAINT-PIERRE [1].

J'ai fait ta commission auprès de ton amie, ma chère Félicité. Je te charge maintenant d'en faire une pour moi, c'est de prendre dans les papiers la [2] commode de la chambre où je couchais, deux parchemins dont l'un est mon brevet de pension sur le trésor royal et l'autre celui d'intendant. Tu les donneras à ton frère Didot Audran [3]. J'en ai un besoin pressant [4]. Nos affaires s'acheminent à un prompt et heureux succès, il était survenu quelques difficultés à l'occasion de ta dot, car je ne voulais pas qu'elle fût remboursable qu'avec un bien-fonds [5]; et c'est sur [6] quoi ton papa a consenti ou pour mieux dire a prévenu

1. De Paris; — du 8 octobre 1793; — pas signée; — l'adresse est mutilée, on lit seulement : *félicité didot.... sonnes*; — c'est la dernière lettre, écrite avant le mariage, que nous connaissions; — publiée dans la *Revue des Deux Mondes* avec le n° 22. — Cette lettre porte le n° 51 dans la collection Gélis-Didot.

2. Le mot : *la* est raturé.

3. C'était l'aîné des enfants de Pierre-François Didot et de sa première femme.

4. On lit : *non*, en marge de ce passage.

5. Cela s'explique puisqu'on usait, dans une grande mesure, des assignats, à cette époque.

6. *Sur* a été écrit au-dessus d'un mot rayé.

mon intention. Le notaire n'avait pas levé cette difficulté et je lui en témoignai mon étonnement lorsqu'il
me lut, à mon arrivée à Paris [1], les conditions du
contrat. Maintenant je n'en prévois plus de cette
nature. Je donne aujourd'hui à dîner à ton papa et
au Cit. Brunetière, afin de disposer tout de la
manière la plus prompte et suivant les lois. Quand
tout sera arrangé j'irai faire un tour à Essonnes, et ce
pourra être vers la fin de cette semaine. Alors tu t'en
reviendrais avec ta maman pour signer le contrat, et
nous présenter à la municipalité. C'est une question
que le Cit. Brunetière nous décidera savoir si le
mariage doit se faire à Essonnes ou à Paris.

Je viens de faire partir une voiture de meubles par
la voiture à chaux du Cit. Avard. Prie ta maman,
de ma part, d'y avoir l'œil, ainsi que sur celle que je
dois faire partir vers la fin de la semaine, en cas qu'il
ne me fût pas possible d'aller à Essonnes. Il est essentiel que la cave au vin ferme bien, car j'y dois faire
déposer plusieurs ustensiles de fer qu'il est aisé de
détourner, et qui coûtent cher. Je la prie aussi de
jeter un coup d'œil sur le fruitier, car c'est là qu'est
notre provision d'hiver. Tu pourrais aussi y donner
ta surveillance, car je travaille principalement pour
toi qui aimes les pommes.

Je t'embrasse de tout mon cœur, ma tendre amie.

1. *A Paris*; ces mots, oubliés, ont été ajoutés au-dessus de la
ligne.

Tu es le centre où je ramène tous mes projets de fortune, d'occupations et de plaisir. Indépendamment du soin de faire transporter mes meubles dans ta maison, de disposer ici toutes choses pour qu'à ton arrivée tu n'aies plus qu'à passer dans mes bras, de recueillir les anciens bienfaits dont je jouissais avant la révolution afin de nous assurer les 1ers besoins de la vie (et cette espérance est sur le point de se réaliser car je viens de remettre la plupart de mes titres dans les bureaux où j'ai de bons amis), malgré, dis-je, tous ces embarras qui ont pour but notre [1] bonheur, je m'occupe encore du soin de me procurer [2] les arbres, arbrisseaux et plantes que je dois planter vers la St Martin, afin de gagner une année de jouissance sur l'avenir.

Que Dieu donc comble ton cœur de la même joie dont le mien est rempli, car je lui ai demandé souvent, comme le plus grand des biens de ce monde, une retraite à la campagne avec une femme qui te ressemble. — Adieu, ma tendre amie. Mille amitiés à ta maman.

A Paris ce mardi 8 8bre 1793 l'an 2 de la Rép. une et ind. envoie-moi un morceau de sucre [3].

---

1. *Notre* a été écrit au-dessus du mot : *ton*, rayé.

2. Les mots : *me procurer* ont été écrits au-dessus d'un mot rayé.

3. Après le mot : *sucre*, il y a : *car j* ; ces mots ont été rayés, Bernardin n'ayant plus voulu continuer sa lettre, que l'on doit considérer comme se terminant là, bien que le bas de la page soit déchirée après ces mots.

LETTRES
ÉCRITES APRÈS LE MARIAGE

(POSTÉRIEURES AU 27 OCTOBRE 1793)

(TRENTE ET UNE LETTRES)

---

39. — DE BERNARDIN DE SAINT-PIERRE[1].

A la Citoyenne de Saint Pierre
chès le Citoyen didot lejeune[2] imprimeur
quay des Augustins
A Paris.

[3],[4]\[Nous sommes arrivés, ma tendre amie, en bonne santé. Je me suis aperçu en voulant ouvrir mon secré-

---

1. D'Essonnes; — du 14 ventôse an II (mardi 4 mars 1794); — signée; — porte une adresse; — pas oblitérée. — Aimé Martin n'en a publié qu'une partie et lui a donné le nº 11. C'est aussi le nº 11 que cette lettre porte dans la collection Gélis-Didot. Dans la *Correspondance imprimée,* Martin a donné les premières lettres écrites après le mariage dans l'ordre suivant : nºˢ 10, 11 et 12; il a indiqué en effet la lettre nº 10 comme étant du 10 ventôse an II, alors qu'elle est datée du 20 ventôse an II; elle n'a donc pas été imprimée dans l'ordre exact des lettres, qui est le suivant : nº 11 (c'est le nº d'Aimé Martin), une lettre du Havre non publiée par Martin, nº 12, nº 10.

2. Ce mot est raturé.

3. Martin imprime en tête de la lettre : *Essonne, ce 24 ventôse an II*; ces mots ne figurent pas sur le manuscrit.

4. Aimé Martin a supprimé tout le passage que nous publions entre crochets, et l'a remplacé par des lignes de points.

taire que j'avais oublié mon paquet de petites clefs.
Je les[1] crois dans[2] ma chambre à coucher. Si elles
n'y sont pas, elles sont perdues; si tu les trouves
envoie-les-moi par la plus prochaine occasion, c'est-à-
dire par un des coches d'Essonnes, si tu n'en trouves
pas de plus sûre.

Les maçons sont dans la chambre de ta mère, qui
ne sera pas habitable de deux mois d'ici. Mais que
cet inconvénient n'éloigne pas son retour ainsi que le
tien. La campagne t'appelle avec tous ses charmes :
la violette et les primevères sont en fleurs, l'aman-
dier, l'abricotier et le pêcher entr'ouvrent leurs
boutons, et le saule de Babylone est couvert de
feuilles.]

Ma maison est toute carrelée à l'exception de la
salle à manger. Les perrons sont faits, les croisées
posées presque partout. Il y a encore quelques travaux pour les terrasses et des difficultés de la part
des ouvriers. Mais ce sont des maux ordinaires et
dont le nombre diminue avec mes travaux de jour en
jour.

Viens égayer ta santé au milieu de nos prairies qui
sont du plus beau vert, et au pied de ces collines
plantées de vignobles que Bacchus enlumine déjà de
sa teinte pourprée.

1. Les mots : *je les* sont raturés.
2. Le mot : *dans*, oublié, a été ajouté en marge.

LA MAISON DE BERNARDIN DE SAINT-PIERRE A ESSONNES

D'après une photographie communiquée par M. P. Darblay

Viens chanter sur des rives non moins agréables que celles du fleuve Inachus.

> C'est sur ces bords [1], où par mille détours
> Inachus se plaît à prolonger son cours.

Plus constante et plus aimée que sa fille volage, viens [2] joindre les accents de ta voix à celle de l'alouette. Devance l'hirondelle, toi qui dans mon automne m'as rappelé au printemps de la vie. Oh ! quand pourrai-je te voir, assise à mes côtés et allaitant le fruit de nos amours [3], m'inspirer des pensées douces comme ton lait et dignes des enfants de ma patrie, auxquels j'ai consacré mes dernières veilles.

Tu trouveras ici tout ce qu'il faut au bonheur : bon air, doux exercices, vues charmantes, nourriture saine, laitages abondants, et un ami qui met sa félicité à te rendre heureuse. C'est pour te confirmer ces sentiments que j'écris à la hâte ces lignes, et c'est pour les mettre en exécution que je termine cette lettre. Je vais faire planter et achever de décorer tes promenades champêtres [par des fleurs aussi simples que toi] [4].

Je t'embrasse de tout mon cœur, ma chère Félicité.

DE SAINT-PIERRE.

1. Ce mot est raturé.
2. Ce mot est raturé.
3. Félicité était alors enceinte de Virginie, qui devait venir au monde le 29 août 1794.
4. Passage supprimé par Martin.

[A Essonnes ce 14 ventôse l'an 2 de la république une et indivisible.

Mes tendres et respectueuses amitiés à ta mère.

On t'a envoyé du linge. Je t'en renverrai d'autre avec le sac de nuit, si tu en as besoin.][1]

[2] [*Post-Scriptum.*

Il y a plusieurs erreurs dans la note pour le marchand de clous[3], les deux premiers articles sont nuls et se réduisent à celui-ci : deux livres de clous d'épingle pour le menuisier : il en faut de trois longueurs, d'un pouce, de *quinze lignes*[4] et de dix-huit lignes.

J'avais lu *18 livres*[5] au lieu de dix-huit lignes, et deux livres de clous de *pieux*[6] au lieu d'épingle. Il ne faut donc que 2 livres de clous d'épingle et 10 livres de broquettes. Est-ce ma faute ou celle de l'écrivain?

A toi[7], te[8] baise les mains.]

1. Passage non publié par Aimé Martin.
2. Collée avec un pain à cacheter, sur le feuillet de droite de la lettre, il y a une feuille de papier, simple, sur laquelle, dans le sens de la largeur, Bernardin a écrit ce *post-scriptum*, qu'Aimé Martin n'a pas publié.
3. Après : *clous* il y a un mot rayé, illisible.
4. Ces mots sont soulignés dans le texte.
5. Même remarque.
6. Même remarque.
7. Les mots : *à toi* sont difficiles à lire.
8. Le mot : *te* est raturé.

40. — DE FÉLICITÉ DIDOT [1].

*Au Citoyen De Saint
Pierre*

A Essonnes.

[Je te félicite, mon cher bon ami, du plaisir dont tu parais jouir à la campagne; tu es trop bon de m'y désirer, indolente comme je suis je ne servirais sûrement qu'à te chagriner, toi qui méritais si bien une tout autre femme qui fît ton bonheur; ce sont là les reproches continue [2]... que je me fais tout en t'aimant de jour en jour davantage; c'est à Dieu et à mon époux que je demande pardon d' un [3] défaut dont il ne se ressent que trop.] [4]

Toutefois j'ai rempli et fait remplir tes commissions du mieux qu'il m'a été possible; je n'ai pas encore le papier de chez Basset [5] et il craint de ne pouvoir te fournir toutes les toiles dont tu as besoin; je t'envoie

1. Probablement de Paris; — du 16 ventôse an II (jeudi 6 mars 1794) et non 1795 comme écrit M. Largemain; — signée; — porte une adresse; — pas oblitérée; — inédite en partie; M. Largemain en a publié certains passages qu'il imprime, sans avertir le lecteur des suppressions qu'il fait, à la suite les uns des autres pour former une lettre complète! — Cette lettre se trouve à la Bibliothèque du Havre (dossier 201, p. 25).

2. La fin du mot disparaît au bord du feuillet.

3. Le mot : *un* est raturé; après : *un*, il y a, dans le texte, un mot rayé, illisible.

4. Passage cité par M. Largemain.

5. Ce mot est difficile à lire.

les clous que tu m'as mandés en second; ta première note avait déjà été remplie, mais un heureux quiproquo de Madelon m'a donné la facilité de les faire reprendre; j'ai passé chez le miroitier qui doit s'occuper de ton affaire et te faire réponse le plus tôt possible; le Cit. Filon a pris aujourd'hui la pendule.

[Voilà, je crois, mon ami, tout ce dont tu m'as chargée; puisses-tu être aussi heureux et aussi content de toi que je le suis peu de moi, car c'est une triste chose que les reproches qu'on ne peut s'empêcher de se faire.][1]

[Je t'embrasse, mon cher ami, excuse la bêtise de ma lettre[2]][3], elle se[4] ressent de la[5]...... c'est bien naturel [encore une fois adieu, je t'embrasse de tout mon cœur][6].

FÉLICITÉ DE SAINT-PIERRE.

Ce 16 ventôse, l'an deuxième de la république.

1. Fragment publié par M. Largemain.
2. Après : *lettre*, il y a six mots rayés, illisibles.
3. Phrase citée par M. Largemain.
4. Le mot : *ce* est répété.
5. Après : *la*, il y a un mot illisible.
6. Phrase citée par M. Largemain.

41. — DE BERNARDIN DE SAINT-PIERRE [1].

A la Citoyenne de Saint Pierre
chès Le Citoyen didot imprimeur
quay des Augustins
A Paris.

[2]J'ai reçu mon paquet de clefs[3] plus tôt que je ne l'espérais, et bien à propos comme tout ce que tu fais. J'espère, mon amie, que tu mettras le même soin à remplir mes autres commissions et que j'aurai[4] le plaisir de recevoir[5] bientôt de tes mains tout ce qui me manque. Tu ne me parles point de ton prochain retour, ce qui me fait penser que tu souffres toujours. Ta réponse à ma lettre était bien courte, tu es donc toujours affectée de ta mélancolie; c'est un mal que j'éprouve moi-même, mais que ta société dissiperait.

Prends de l'exercice et profite au moins des beaux jours que la nature promet à la ville et qu'elle nous donne à la campagne. Oh ! que j'en jouirais agréable-

1. D'Essonnes; — du 17 ventôse an II (vendredi 7 mars 1794); — signée; — porte une adresse; — oblitérée; — publiée par Aimé Martin, mais pas complètement. — Cette lettre porte le n° 12 dans la *Correspondance imprimée* et dans la collection Gélis-Didot.

2. Martin imprime en tête de la lettre : *Essonne ce 17 ventôse an II*; ces mots ne figurent pas sur le manuscrit, à cette place.

3. Martin imprime : *clous*.

4. Ce mot est corrigé.

5. Ce mot est corrigé.

ment, sans les soucis de mes travaux, en pensant seulement à toi. Tu me demandes de recevoir fréquemment de mes lettres afin de te faire passer le soir quelques moments agréables, mais je peux bien t'en dire autant, à toi qui me fais les réponses si courtes. Pour moi, mes affaires consumant tout mon temps, je ne vis que dans l'avenir. Tu es cependant, au milieu des sollicitudes que me donnent la lenteur ou [1] la disette d'ouvriers ou de voitures, le terme où je fixe toutes mes jouissances. Travailler pour toi c'est plus que t'écrire : comment d'ailleurs le faire d'une manière qui te soit agréable, avec mille distractions déplaisantes. T'en faire part serait redoubler ta mélancolie, vis contente, ma Félicité ; je serai heureux de ton bonheur. Passe ces crises accablantes [2] qui accompagnent les premiers temps de toutes les grossesses, comme les giboulées du mois de mars qui précèdent la saison [3] des fleurs et des fruits. Tout se contraste dans la nature, la douleur [4] et le plaisir, l'hiver et le printemps.

Adieu, mon joli mois de mai. Songe que tu m'es doublement chère. Supporte donc un mal qui doit faire notre bonheur commun. Si je calcule bien, tu n'as pas pour plus de trois ou quatre jours de mélan-

---

1. Ce mot est raturé.
2. Après : *accablantes,* il y a un mot rayé, illisible.
3. Ce mot est écrit par-dessus un autre mot.
4. Ce mot est raturé.

colie. Je dissiperai la mienne en pensant à toi. Adieu, reviens bientôt dans mes bras, [comme mon amie, comme ma maîtresse, comme ma femme] [1]. Tu es nécessaire à mon bonheur.

DE SAINT-PIERRE.

[A Essonnes, ce 17 ventôse l'an 2 de la république une et indivisible.

Mille [2] amitiés à ta mère. Je recommande à Madelon d'avoir soin de toi.] [3]

42. — DE BERNARDIN DE SAINT-PIERRE [4].

A la Citoyenne de Saint Pierre

chès le Citoyen didot imprimeur

quay des Augustins

A Paris.

Je t'envoie, ma chère amie, un fil de fer pour mon locataire, le sac de nuit de ta mère, des pommes de terre et des betteraves, que tu n'aimes guère, mais

---

1. Passage supprimé par Martin.
2. Ce mot est raturé.
3. Passage supprimé par Martin.
4. D'Essonnes; — du 20 ventôse an II (lundi 10 mars 1794); — signée; — porte une adresse; — pas oblitérée; — publiée par Aimé Martin, mais incomplètement; — indiquée par lui, comme étant la première des lettres écrites après le mariage, parce qu'il l'a crue datée du 10 ventôse. — Cette lettre porte le n° 10 dans la *Correspondance imprimée* et dans la collection Gélis-Didot.

que le besoin peut te rendre agréables. Si tu peux les partager avec le Cit. Moreau [1] jeune, tu me feras plaisir, en ce cas, tu enverras Madelon les porter, et tu lui remettras aussi le fil de fer destiné à déboucher les [2] conduites [3] de puits de ma maison [4], en la chargeant de plus [5] de compliments pour mes hôtes, ce qui ne la fatiguera pas beaucoup.

Le jour même que je t'ai envoyé ma lettre, j'ai reçu ton paquet de clous; commission presque manquée, par la faute du menuisier qui a bien marqué [6] les longueurs de ces [7] clous d'épingle, mais non les grosseurs. Il les faut des mêmes longueurs, mais la moitié moins gros [8]. Fais-moi donc le plaisir de m'en acheter de cette qualité; il suffira en tout d'une livre et demie. Tu y joindras [9] deux livres de *pointes à fiche* [10] pour mon serrurier, c'est-à-dire [11] une livre de petites et une de plus grandes. Rappelle-toi aussi la demande précédente de 6 livres de pointes pour clouer

---

1. Martin imprime : M....
2. Ce mot est raturé.
3. Martin a lu : *conduits.*
4. Le mot : *maison,* oublié, a été ajouté en marge.
5. Ce mot est raturé.
6. Ce mot est raturé.
7. Après : *ces,* il y a un mot rayé, illisible.
8. En marge de ce passage, il y a le mot : *bon,* écrit au crayon.
9. Après : *joindras,* il y a un mot rayé, illisible.
10. Ces mots sont soulignés dans le texte.
11. Les mots : *à dire,* oubliés, ont été ajoutés au-dessus de la ligne.

des plafonds, pour mon peintre, car il serait je pense difficile d'en avoir dix livres.

Voilà des commissions qui ne conviennent guère à une jeune femme, mais ton bon esprit te rend propre à tout. Je te regarde comme la meilleure partie de moi-même. J'aime à me reposer sur toi, surtout de ma mémoire que je perds sensiblement [1]. Je n'ai su retrouver ici plusieurs choses que j'y avais laissées, ce me semble. Te souviens-tu combien j'y avais de mouchoirs? il n'y en avait ici que onze [2]. Tu me diras tout cela à ton retour [3] que tout le monde désire, et ton papa particulièrement [4].

Tout le monde s'empresse à me demander de tes nouvelles, et tout le monde me félicite de tes indispositions. [Je crois cependant que l'époque doit en être passée [5]]; reviens-donc habiter ces lieux paisibles que je prends plaisir à arranger pour toi. Toutes mes plantations sont faites; la cabane de ton bain est tout arrangée. J'espère dans peu de jours y avoir un courant d'eau bien [6] pure, et un pont avant la fin de la décade. Quant à la maison, on pose la boiserie de la cave [7] du midi, [on travaille à force à

---

1. Bernardin avait écrit : *insensiblement*, il a rayé : *in*.
2. Les mots : *il n'y en avait ici que onze*, oubliés, ont été ajoutés au-dessus de la ligne.
3. Le mot : *retour* est très difficile à lire.
4. Ce mot est raturé.
5. Passage supprimé par Martin.
6. Ce mot est raturé.
7. On lirait plus facilement : *cade*.

l'escalier] [1] et avant peu j'aurai des chambres qui auront des portes.

Tous ces travaux m'occupent du matin au soir, non sans quelques soucis. Viens les dissiper. Si tu es encore incommodée, je te donnerai le bras dans nos promenades ; la verdure de la prairie, la gaîté des oiseaux, les moutons qui paissent l'herbe nouvelle au haut de la colline, les doux contours de la vallée, dont les saules fleurissent, valent mieux pour te distraire que les spectacles bruyants de la capitale. Viens embellir notre hameau de ta présence. Gaie, tu me réjouis ; mélancolique, tu m'intéresses ; tu es toujours sûre de me plaire. Viens, mon amie, si tu souffres [2] je partagerai tes maux par mes consolations, comme j'ai partagé tes plaisirs [3] par mes jouissances. Nous élèverons ensemble nos cœurs vers celui qui distribue à tous les hommes des [4] deux tonneaux. Nous le prierons dans un temple où tout parle de lui, et où il ne refuse aucun des biens nécessaires aux cœurs pénétrés de son existence.

Je me hâte de terminer ma lettre, le Cit. Niel [5] qui part pour Paris se charge de te la remettre. N'oublie pas nos amis communs, bien des amitiés à nos

1. Passage supprimé par Martin.
2. Ce mot est raturé.
3. Même remarque.
4. Martin imprime : *les*.
5. Martin imprime : N...

frères et sœurs, au Cit. Bailly [1], à son épouse, à la chère Henriette [2]. Embrasse ta chère maman pour moi et détermine-la à revenir promptement. Je t'embrasse de toute mon âme. A Essonnes, ce 20 ventôse l'an 2 de la République une et indivisible.

DE SAINT-PIERRE.

[Presse le Cit. Fillon de raccommoder la pendule, afin que tu pui... [3] emballer avant ton départ [4].]

Il n'y a pas du tout de sucre ici. Fais-moi parvenir une livre de ... [5].

43. — DE FÉLICITÉ DIDOT [6].

Au Citoyen

De Saint Pierre. chez le

Citoyen Didot quay des

Augustins n° 22

A Paris.

[Je ne suis pas étonnée, mon bon ami, de n'avoir pas encore reçu de tes nouvelles; car tu auras sans

1. Martin imprime : B....
2. Les mots : *à la chère Henriette,* oubliés, ont été ajoutés au-dessus de la ligne.
3. Le coin de la lettre étant déchiré, on ne peut lire la fin du mot.
4. Passage supprimé par Martin.
5. Martin imprime : *une livre de cassonade*; cela est impossible, on lit : *Carlo....* (?).
6. D'Essonnes; — datée du 28 brumaire *an II* (lundi 18 novembre 1793), et non du 28 frimaire an II, comme le dit M. Large-

doute mis ta lettre à la poste; ce[1] retard m'ennuie beaucoup ainsi que ton absence; j'ai aujourd'hui pour me dissiper été me promener à l'île, mais il m'a été impossible d'entrer dans la maison, la porte du nord ne pouvant pas s'ouvrir.][2] J'ai d'abord cru que les verrous étaient mis, mais le serrurier qui est venu après[3] m'a dit que c'est que le demi-tour ne pouvait pas s'ouvrir, il a proposé d'ouvrir la croisée de la salle à manger qu'il n'a pas pu fermer la dernière fois, cependant il craignait de casser les barreaux. Je n'ai pas voulu qu'il entreprenne ce moyen, j'espère que tu peux avoir la clef de la salle ou que tu en auras un moyen; il a en attendant ferré la porte de la cour, et il m'a dit qu'il travaillerait à toutes celles de la basse-cour.

[Tu trouveras ci-incluses deux lettres à ton adresse; puissent-elles te paraître aussi agréables que la tienne me le sera, quant à la mienne[4] elle ne se ressent que trop de ton absence.][5]

main. Mais cette date, pour nous, n'est pas exacte, et Félicité a dû se tromper en écrivant : *an II.* Il est en effet question dans cette lettre de la petite Virginie qui est née le 29 août 1794; la lettre ne peut donc pas être de novembre 1793; pour nous elle est du 28 brumaire *an III* (mardi 18 novembre 1794). — Signée; — porte une adresse; — oblitérée; — inédite en grande partie, M. Largemain en ayant publié quelques passages, avec des inexactitudes. — Cette lettre se trouve à la Bibliothèque du Havre (dossier 204, p. 9 et 10).

1. Le mot : *ce* est corrigé.
2. Passage cité par M. Largemain.
3. Le mot: *après* est corrigé.
4. M. Largemain n'a pas lu : *mienne*, mais : *maison!*
5. Phrase citée par M. Largemain.

Maman craint que mon papa n'ait pas reçu une lettre que Robert a remise lui-même au cocher; ce [1] qui lui donne cette crainte c'est qu'elle n'a pas reçu de réponse; son rhume va un peu mieux.

[Virginie depuis quelques jours est un peu moins tourmentante [2]] [3]. Mes respects et amitiés à mon papa, nos compliments à toutes les personnes de la maison; donne-moi des nouvelles de M° Didot pour laquelle je prends un vif intérêt.

[Je pense que tu auras fait ma commission auprès de M° Bailly au sujet de mes bonnets.

Adieu mon bon ami, c'est assez de bêtises et c'est trop t'ennuyer, je t'embrasse avec toute la tendresse d'une épouse et tout l'amour de ta Félicité] [4].

DE St PIERRE.

Ce 28 Brumaire l'an deuxième de la république une et indivisible.

1. Le mot : *ce* est corrigé.
2. M. Largemain imprime : *tourmentée*; c'est en effet le mot que Félicité a dû d'abord écrire, mais elle a corrigé.
3. Passage cité par M. Largemain.
4. Passage publié par M Largemain.

44. — DE FÉLICITÉ DIDOT [1].

> *Au citoyen De St Pierre*
> *Chez le Cit. Didot Père*
> *quay des augustins n° 22*
>   *A Paris*

> quinze sols si elle est remise le
> premier brumaire à sept heures du soir.

Ta charmante lettre, mon bon ami [2], puisses-tu être heureux autant que tu le [3] mérites, c'est le vœu le plus ardent de ta Félicité.

J'aurais désiré te satisfaire aussi promptement que tu le désirais, mais tu n'ignores sans doute pas que je n'ai reçu ta lettre que nonodi [4] à neuf heures du soir, ainsi il était impossible que je te renvoie ton certificat avant la fin de la décade; mais heureusement le Cit. Paquet chez lequel j'ai été hier, m'a dit qu'il y avait

1. Sans indication de lieu, mais d'Essonnes; — datée : ce 1er frimaire; M. Largemain dit : 1er frimaire *an II*, soit : 21 novembre 1793; cela est impossible, puisqu'il est parlé, dans cette lettre, de Virginie, qui est née le 29 août 1794; l'époque du baptême de la petite fille pourrait nous aider à dater cette lettre, puisque Félicité parle de *l'extrait de baptême* mais nous ne la connaissons pas; pour nous cette lettre est du 21 novembre 1794 (vendredi); — signée; — porte une adresse; — pas oblitérée. — Cette lettre se trouve à la Bibliothèque du Havre (dossier 201, p. 11 et 12).

2. Ce mot est douteux.

3. Le mot : *le*, oublié, a été ajouté au-dessus de la ligne.

4. Pour : *nonidi*, sans doute, le neuvième jour de la décade du calendrier républicain.

jours au lieu de dix que tu comptais pour l'en-
t. rement; j'ai écrit tout de suite à la citoyenne
.rt, afin que son mari me l'apporte le lendemain
matin, le [1] voilà presentem... [2] et tu le [3] recevras [4]
ainsi que l'extrait de baptême de notre petite, par la
voiture dans la crainte que ton certificat [5] ne te soit
nécessaire.

Maman me charge de te dire que si tu comptes
rester encore quelques jours à Paris, elle ira t'y
retrouver afin de revenir ensemble.

Je ne peux t'en dire davantage car je crains de manquer l'heure des voitures; adieu, j'ai déjà embrassé
Virginie bien des fois pour toi, elle se porte à merveille, elle est toujours un peu criarde mais il faut
prendre patience encore quelques mois [6].

Je t'embrasse de tout mon cœur et suis ton amie
FÉLICITÉ DE St-PIERRE.

Mille compliments pour toutes nos connaissances.
Ce 1 frimaire.

1. Ce mot est corrigé.
2. La fin du mot disparaît au bord du feuillet.
3. Le mot : *le* a été ajouté au-dessus de la ligne.
4. Après : *recevras*, il y a un mot rayé, illisible.
5. Mot difficile à lire.
6. Ce mot est corrigé.

45. — DE BERNARDIN DE SAINT-PIERRE [1].

A la Citoyenne de Saint Pierre
à la papeterie
A Essonnes.

Je t'écris, ma chère amie, pour te recommander de te tenir bien chaudement, ainsi que ton enfant et ta mère. L'École normale s'ouvrira demain pour moi, j'y parlerai [2] pour lui dire bonjour et en prendre congé, jusqu'à ce que je puisse lui présenter quelques pages qui méritent son attention [3].

[[4] Je vais aller aujourd'hui chez Constantin et j'irai demain chez le Cit. Aymer [5] en allant à l'École, je [6] te

1. De Paris; — datée du 2 pluviôse an III : 21 janvier 1795 (mercredi); — signée; — porte une adresse; — oblitérée; — pas entièrement publiée par Aimé Martin. — Cette lettre porte le n° 13 dans la *Correspondance imprimée*, et le n° 18 dans la collection Gélis-Didot.

2. Martin imprime : *passerai*.

3. Le 11 brumaire an III, le Comité de l'Instruction publique nomma Bernardin de Saint-Pierre professeur de morale à l'École normale, aux appointements de 500 livres par mois. Les leçons commencèrent à l'École le 1er pluviôse an III; Bernardin vint seulement au second cours, le 3 pluviôse, et cela, comme il le dit lui-même, pour « prendre congé ». Il commença son cours le 2 floréal; l'École ferma ses portes le 30 floréal an III.

4. Le passage mis entre crochets a été supprimé par Martin.

5. Peut-être : *Aymar*.

6. Mot corrigé.

fais donc d'avance tous les compliments dont je serai chargé. Je suis si occupé que je n'aurai probablement pas le temps de passer à ma maison. Tes commissions m'occupent plus que mes affaires. Le perruquier du C. Didot Autran s'est chargé de te faire une perruque et de me la livrer dans 2 jours moyennant 100 ..... Elle sera comme tu la[1] désires, avec un chignon. Celle à boucles pendantes[1] ne coûte que 80 .....]

Prie ton père de surveiller les travaux de Cadet. C'est moi qui ai fait dire au jardinier de ne travailler que quand je serais revenu[2].

Porte-toi bien ma chère amie. Je compte t'embrasser quintidi[3]. Si pendant[4] mon séjour il y avait ici quelque emplette qui te fût agréable, dis-le-moi sans façon[5], je tâcherai de te satisfaire. J'aurais bien acheté une poupée pour Virginie, mais ses mains ne peuvent encore rien saisir. D'ailleurs je veux que les 1ers objets qu'elle maniera soient naturels c'est-à-dire des fleurs ou des fruits. Quand je rapporterai mon traité, ce qui j'espère sera

1. Le mot : *pendantes*, oublié, a été ajouté au-dessus de la ligne.
2. Ce mot est raturé.
3. *Quintidi* : le cinquième jour de la décade républicaine, c'est-à-dire le 5, le 15 ou le 25; comme Bernardin écrit le 2 pluviôse, c'est du 5 qu'il veut parler.
4. Ce mot est raturé.
5. Martin n'imprime pas : *sans façon*.

dans 2 mois et demi; nous irons tous ensemble à Paris.

Adieu, je t'embrasse de tout mon cœur ainsi que nos chers parents.

DE SAINT-PIERRE.

A Paris, ce 2 pluviôse l'an 3 de la République une et indivisible.

46. — DE FÉLICITÉ DIDOT [1].

Au Citoyen de Saint [2]
Pierre à Essonnes.

[Mon cher bon ami, mon tendre époux, demain je te verrai, demain j'aurai le plaisir de t'embrasser; puisse la joie que cela me procure me rendre toute celle que je devrais toujours [3] avoir étant ton épouse, mais que mon étrange imbécillité ne m'ôte que trop

1. Sans indication de lieu, mais de Paris; — datée : ce 20 ventôse. M. Largemain date cette lettre du 20 ventôse an II : 10 mars 1792; d'abord ce serait 1794; nous croyons qu'elle est du 20 ventôse *an III* : 10 mars 1795 (nous possédons en effet déjà une lettre du 10 mars 1794 et ces deux missives n'ont aucune corrélation); mais elle est peut-être de 1796 ou 1797; — signée; — porte une adresse; — pas oblitérée. — M. Largemain en a publié un fragment ainsi que M. Maury. — Cette lettre se trouve à la Bibliothèque du Havre (dossier 201, p. 13).

2. Après : *Saint*, il y a : *Pier*, rayé.

3. Ce mot est corrigé.

BUSTE DE FÉLICITÉ DIDOT
Terre cuite exécutée par sa mère
(*Appartient à la famille Gélis*)

souvent] [1]; nous avons été aujourd'hui pour faire viser nos passeports, mais les jours de Décades les bureaux sont [2] fermés à la commune; demain nous y retournerons, et à deux heures nous partirons pour rejoindre nos amis, ta FÉLICITÉ DE SAINT-PIERRE.

Ce 20 ventôse.

47. — DE BERNARDIN DE SAINT-PIERRE [3].

[4] Je suis arrivé, ma chère amie, en bonne santé. Mon premier soin a été de prendre des informations sur l'École normale. Elle doit finir dans le courant de floréal, je tiendrai ma 1ere séance demain duodi, et alternativement tous les deux jours. J'espère que dans le cours de la décade prochaine je pourrai être de retour à Essonnes et y continuer mes travaux s'ils agréent.

J'ai été aujourd'hui chez le Cit. Aymer [5] malade depuis cinq jours et convalescent. Sa maladie et d'autres circonstances ont empêché qu'on entame

1. Passage publié par MM. Largemain et Maury.
2. Ce mot est très difficile à lire.
3. De Paris; — datée : ce primidi floréal an 3, c'est-à-dire du 1er, du 10 ou du 20 floréal (cette lettre a donc été écrite entre le 20 avril et le 20 mai 1795); — signée; — sans adresse; — pas oblitérée. — Aimé Martin l'a publiée très incomplètement. — Cette lettre porte le n° 14 dans la *Correspondance imprimée*, et le n° 13, dans la collection Gélis-Didot.
4. Martin imprime en tête de cette lettre : *Paris, floréal an III*; ces mots ne sont pas à cette place, dans le texte.
5. Peut-être *Aymar*.

mon affaire avec mon contrefacteur. J'ai vu plusieurs de tes parents [comme [1] ta tante et C^{ne} Charpentier, la Cousine Biche et qui toutes se sont informées tendrement de ta santé; ainsi que la f^{mille} Bailly] [2].

Au reste je suis très occupé. Je trouve cependant le repos dans une maison fort peuplée car j'y vis seul, faisant moi-même mon lit. Je dîne à l'auberge et je mange un morceau chez moi le soir et le matin. Profite du retour de la voiture pour m'envoyer un pain et s'il se peut un petit panier ou [3] hotte rempli de pommes afin que j'en puisse distribuer à quelques amis.

En rentrant chez moi ce soir, j'apprends [4] que le Cit. Didot Autran venait d'éprouver un grand sujet de chagrin. Il a renvoyé hier au soir son domestique François, avec quelques paroles dures, et ce matin on a trouvé ce malheureux qui s'était pendu dans sa chambre. Quelque raison [5] qu'on ait de se plaindre d'un serviteur, il est de l'humanité de le traiter avec bonté. Quand on est obligé de faire du mal il en faut faire le moins possible. Pour sortir de ce [6] triste [7]

1. Ce mot est raturé.
2. Martin a supprimé ce passage; en marge, il y a le mot : *bon*, écrit au crayon.
3. Ce mot est raturé.
4. Martin imprime : *j'ai appris*.
5. Le mot : *raison* est écrit au-dessus du mot : *sujet*, qui est rayé.
6. Ce mot est raturé.
7. Après : *triste*, il y a plusieurs mots rayés, illisibles.

sujet, je vais te parler des graines que je t'envoie et qui demandent à être semées incessamment.

[1° des betteraves jaunes et rouges, à semer en bordure

2° de la graine de poireau [1]

3° de ciboule] [2]

4° de capucine en bordures et par bouquets vers le pavillon [3], sur le massif de terre à gauche du pré en face de la maison, de sorte qu'en grimpant les tiges puissent s'accrocher aux arbrisseaux qui sont sur la crête. J'en excepte [4] les arbres et arbrisseaux à fruits. Tu feras mettre pareillement dans ces mêmes lieux ainsi que [5] dans le petit jardin en avant du pavillon des haricots d'Espagne qui grimpent fort haut.

[5° sur couche, les deux espèces de giroflées dans des endroits séparés.] [6]

Tu feras mettre aussi sur couche des graines [7] de potiron et de concombre. Pour cet effet, tu engageras Ricour ou même sa fille à prolonger la grande couche avec le tas de fumier qui est au bout, et on le couvrira avec quelques brouettées de terre prise derrière

---

1. Ce mot est raturé.

2. Ce passage a été supprimé par Martin, qui ajoute : *fais semer* et continue par : *des capucines en bordure*, etc.

3. Après : *pavillon*, il y a un mot illisible ajouté au-dessus de la ligne.

4. Le mot : *excepte* est raturé.

5. Après : *que*, il y a un mot rayé, illisible.

6. Ce passage a été supprimé par Martin.

7. Martin imprime : *grains*.

la maison de Ricour. Ricour s'en excusera peut-être sur ce qu'il n'a jamais fait de couche, mais pour l'y décider tu [1] lui feras présent de ma part d'un des 2 paquets de graines de carottes, en lui promettant d'ailleurs de le payer de son temps. Quant à l'autre paquet sa fille le sèmera incessamment dans mon terrain.

[2] Je m'étends mon amie un peu au long sur ces instructions parce qu'il est urgent de profiter du temps des semences qui commence à se passer. D'ailleurs une femme d'un bon esprit, comme toi, une mère de famille, une maîtresse de maison, doit savoir que le jardin est la base la plus assurée de la cuisine, et que dans ce temps-ci on ne doit pas perdre un pouce de terrain.... Engage-donc le [3] Ricour à continuer ses labours, et fais-y travailler Geneviève deux heures par jour. Quelques bonnes paroles feront encore plus que l'intérêt.

Je ne peux t'en écrire plus long pour le présent. Tâche de trouver de nouvelles folles [4] farines pour Fidelle, car il faut bien ménager les pommes de terre pour nous-mêmes.

J'espère recevoir des détails sur ton emménagement si tu as été assez hardie pour l'entreprendre en mon

1. Ce mot est raturé.
2. Avant : *Je*, il y a un mot rayé, illisible.
3. Martin a supprimé : *le*.
4. Ce mot est douteux.

absence. Embrasse pour moi ton père, ta mère et notre chère enfant. Je t'embrasse de tout mon cœur.

Demain au soir je te rendrai compte de mon début. Adieu ma bien-aimée.

DE SAINT-PIERRE.

[1][Je m'occuperai de tes commissions dès que mes affaires me donneront le temps de respirer. J'en ai parlé à plusieurs femmes qui m'ont répondu que tu devrais venir ici toi-même t'en occuper, sans doute par le plaisir qu'elles auraient de te voir. Mais je t'assure que le moment n'est pas favorable.

A Paris ce primidi floréal l'an 3 de la Rép. 1 et ind. à 9 heures du soir.]

48. — DE BERNARDIN DE SAINT-PIERRE [2].

A la Citoyenne de Saint Pierre
au pont au Beurre
A Essonnes route de fontainebleau.

Quand tu m'enverras un nouveau pain, ma petite mère nourrice, donne m'en avis et j'irai le chercher

---

1. Le passage, mis entre crochets, a été supprimé par Martin.

2. De Paris ; — du 5 floréal an III : 24 avril 1795 (vendredi) — signée ; — porte une adresse ; — oblitérée ; — publiée par Aimé Martin, mais d'une façon incomplète. — Cette lettre porte le n° 15 dans la *Correspondance imprimée,* et le n° 14 dans la collection Gélis-Didot.

moi-même, au bureau, car son arrivée fait ici une sensation qui m'est désagréable. Je suis entouré d'affamés. Si j'ai quelques vivres, il faut que je les cache. J'en fais cependant part, même dans les auberges où je mange et où je trouve des gens pâles et affamés [1] qui quelquefois n'ont pas mangé de pain de trois jours, et qui soupirent en voyant mon morceau, car l'on n'en trouve presque plus dans les auberges même où on le vend 6 ..... la livre. Je te conjure de ne rien négliger pour faire planter incessamment des graines farineuses, car ce temps peut empirer [2]. Fais donc planter des haricots flageolets tout du [3] long de ma haie. Ils viennent vite, ne s'élèvent pas haut et ne craignent pas les rats. Fais observer un bon pied de distance à droite et à gauche des petits arbres. Fais planter aussi sur la crête des fossés des asperges. Fais [4] mettre des haricots d'Espagne tout du [5] long de la langue de terre au delà du pavillon sur l'eau. Ils font en grimpant une charmante décoration et produisent un très bon légume.

[Je vais m'occuper de tes commissions; mais tu es si occupée de mes besoins et de ceux de ton enfant

1. Martin imprime : *défaits*.
2. En marge de ce passage, il y a le mot : *bon*, écrit au crayon.
3. Martin imprime : *le*.
4. Ce mot est raturé.
5. Martin imprime : *le*.

que tu as oublié de me donner un de tes souliers pour modèle.

N'oublie pas d'y mettre des bas de couleur [1], des mouchoirs et une couple de chemises dont j'ai besoin. Tu peux faire cet envoi d'ici à quelques jours.] [2] J'ai tenu hier ma seconde séance [3], si les suivantes me sont aussi favorables je serai bien récompensé de mes travaux laborieux de l'hiver. J'ai été comblé d'applaudissements. Il [4] ne manque rien à mon bonheur que de t'en avoir pour témoin. Tout le monde te désire ici. C'est une satisfaction que je voudrais bien me procurer, si la pénurie n'était plus grande que je ne te peux dire, d'ailleurs dans ce moment tu es bien nécessaire pour l'ordre du jardin et de la maison. Je parlerai septidi [5] et nonodi [6]; j'emploierai ces 2 jours de repos à nos commissions. [J'irai voir la tante Léger, cependant une personne s'est déjà chargée d'acheter le berceau. D'ailleurs ma chère amie] [7], j'ai

---

1. Les mots : *des bas de couleur*, oubliés, ont été ajouté au-dessus de la ligne.

2. Passage supprimé par Aimé Martin.

3. A l'École normale; elle eut donc lieu le 4 floréal; son cours avait commencé le 2 floréal.

4. Ce mot est raturé.

5. Le septième jour de la décade républicaine, c'est-à-dire : le 7, 17 ou 27 du mois; comme Bernardin écrit le 5 floréal, c'est du 7 qu'il veut parler.

6. Le neuvième jour de la décade républicaine, c'est-à-dire : le 9, 19 ou 29 du mois; c'est du 9 floréal que Bernardin veut parler.

7. Passage supprimé par Aimé Martin.

beaucoup d'affaires littéraires qui me consument mon temps, mais j'oublierais plutôt mes propres intérêts que d'omettre rien qui puisse t'être agréable.

Je t'embrasse de tout mon cœur, mère vertueuse, aimable compagne. J'ai appris avec bien du plaisir de Robert que tu te plaisais dans ton nouveau logement. Embrasse pour moi[1] notre chère enfant et ta bonne mère, ainsi que ton digne père. Je vous embrasse tous de toute mon âme.

> Ton meilleur ami. DE SAINT PIERRE.

A Paris ce 5 floréal l'an 3 de la Rép. une et indivisible.

49. — DE BERNARDIN DE SAINT-PIERRE[2].

> *A la Citoyenne de Saint Pierre*
> *près le passage de la Nacelle*
> *A Essonnes.*

Les applaudissements vont toujours en augmentant, ma chère amie, mais aussi les murmures par un effet des compensations des choses humaines. Il y a des

1. Les mots : *pour moi*, oubliés, ont été ajoutés au-dessus de la ligne.
2. De Paris ; — du 10 floréal an III : 29 avril 1795 (mercredi) ; — signée ; — porte une adresse ; — oblitérée ; — publiée par Aimé Martin, mais incomplètement. — Cette lettre porte le n° 16 dans la *Correspondance imprimée*, et le n° 15 dans la collection Gélis-Didot.

journaux ..... [1] me comparent à Caton et à Aristide [2] ; d'autres ..... [3], au contraire, que j'ai reçu une pension du ..... [4], que j'ai épousé à 68 ans une fille de 18 et 1/2 [5], et qu'au lieu d'une chaumière j'ai bâti un temple à l'amour.

Dans ce moment je reçois par le voiturier [6] ta lettre en date du 8 où tu ne me parles point d'un paquet de linge sale [7] que je t'ai envoyé le 7 par du chateau [8]. L'École est supprimée pour le 30 de ce mois, et il y a apparence que je resterai jusqu'à ce terme pour achever de lire mes cahiers plus longs que je ne les croyais. Ainsi j'aurai le temps de faire tes commissions. Au nom de Dieu ne néglige point mon jardin, aisé à soigner puisqu'il ne s'agit que d'y faire planter des haricots flageolets [9], le long des haies, et de Soissons, dans les carrés autant que j'aurai de rames, malheureusement devenues nécessaires pour les pois

1. Il manque un mot, la lettre étant déchirée à cet endroit. Martin suppose : *qui.*
2. Ce mot est raturé.
3. Il manque un mot, la lettre étant déchirée en cet endroit. Martin suppose *disent.*
4. Même remarque. Martin suppose : *clergé.*
5. Aimé Martin met en note : *Bernardin de Saint-Pierre avait cinquante-cinq ans et sa femme vingt-deux.* C'est une erreur : Bernardin étant né le 19 janvier 1737 avait cinquante-six ans et neuf mois lorsqu'il épousa, le 27 octobre 1793, Félicité, qui, née le 7 mars 1773, avait vingt ans et sept mois.
6. Martin imprime : *voiture.*
7. Martin a supprimé : *de linge sale.*
8. Ce doit être : *Duchateau.*
9. En marge, il y a le mot : *inutile,* au crayon.

que les rats dévoreront. Songe que les subsistances sont devenues de la plus grande rareté. Pourquoi te charger d'un porc, lorsque nous n'avons pas de quoi nourrir le chien en pommes de terre, ni peut-être même les domestiques et les maîtres? Du reste, songe à employer Geneviève à labourer car les journées de Ricour le père sont à un prix excessif. Pendant que tu peuples la basse-cour sans vivres, je m'occupe à donner à ma pièce d'eau des habitants qui ne sont pas dispendieux. Je vais acheter du frai de carpes et de tanches. Demande à ton père si la voiture pourrait se charger du tonneau dans l'....[1] de ses voyages. [Dis-lui aussi que le fumiste est ....[2] me demander le payement d'un mémoire qu'il ....[3] a donné ainsi que de celui qui est ci-enclos. Il ....[4] en venir chercher le montant dans huit jours. Dois-je l'adresser au Cit. Didot Autran?][5]

Mon amie, j'ai beaucoup d'affaires, un procès contre mon contrefacteur, il n'est pas encore entamé, parce qu'il y a des formalités qui exigent de moi des courses, des sollicitations et des écrits, ainsi que mon mémoire à régler pour le serrurier[6], une multitude de visites

---

1. Il manque un mot, la lettre étant déchirée en cet endroit. Martin suppose : *un*.
2. Même remarque. Martin suppose : *venu*.
3. *Id.* Martin suppose : *lui*.
4. *Id.* Martin suppose : *doit*.
5. Passage supprimé par Aimé Martin.
6. Martin imprime : *service*.

et de lettres que je reçois à l'occasion de mon cours de morale, tes [1] commissions, les miennes [2], ne me laissent pas un moment de repos. Ajoutes-y, la revue de mes épreuves pour une édition si longtemps retardée et qu'il m'importe de faire paraître avant la clôture de l'École normale; dans ce moment, le voiturier qui m'a remis ta lettre va repartir, et je n'ai que le temps de te recommander ton enfant et mon jardin, et de te recommander toi-même à ton père et à ta mère. Je vous embrasse tous de tout mon cœur.

DE SAINT-PIERRE.

A Paris [3], ce 10 [4] floréal l'an 3 de la Rép. : une et indivisible.

Demande à ton papa s'il ne voudrait pas aussi des petites carpes, et en quelle quantité. Le même tonneau nous servirait pour le transport.

---

1. Ce mot est raturé.
2. Après : *miennes*, il y a un signe qui doit vouloir dire : *et cætera*.
3. Ce mot est raturé.
4. Après : *10*, on lit les mots : *germinal*, *prair*, qui sont rayés.

50. — DE BERNARDIN DE SAINT-PIERRE [1].

*A la Citoyenne De Saint-Pierre
auprès du Passage de la Nacelle
a Essonnes. — Route de fontainebleau.*

Je reçois avec grand [2] plaisir, ma bonne amie, des marques de ton souvenir. J'ai un grand empressement de te revoir. Je compte vendredi avoir le plaisir de t'embrasser, ainsi que notre chère enfant; mais n'oublie pas le chapitre des événements, quoique je n'en prévoie aucun qui puisse retarder mon départ. Je sais que ton inquiétude est égale à ta sensibilité; il faut conserver ta philosophie que souvent une bagatelle peut troubler si elle est imprévue; en pensant à mon oranger, je me suis dit plus d'une fois, il est sujet à la gelée, et à mon jardin, les mauvaises herbes croîtront avec les bonnes. Nous nous ferons un amusement de remédier à ces petits maux, ou une petite vertu de les supporter [3]. A Dieu ne plaise qu'une chenille ou un brouillard ne trouble ta tranquillité. Je vais m'occuper des nouvelles commissions que tu me

1. De Paris; — datée du 23 floréal an III, c'est-à-dire 12 mai 1795 (mardi); — signée; — porte une adresse; — oblitérée; — entièrement publiée par Martin. — Cette lettre porte le n° 17 dans la *Correspondance imprimée*, et le n° 16 dans la collection Gélis-Didot.

2. Le mot : *grand* a été supprimé par Martin.

3. Martin imprime : *car il ne faut qu'une petite vertu pour les supporter.*

donnes pour les premiers mets de Virginie. Je suis charmé du contentement que te donne ta nouvelle cuisinière. Un bon serviteur est un bon ami. Adieu, ma bien-aimée, le temps et la poste me pressent. Je t'embrasse de tout mon cœur.

DE SAINT-PIERRE.

A Paris, ce 23 floréal l'an III de la Rép. une et indiv.

51. — DE BERNARDIN DE SAINT-PIERRE [1].

[[2] Je t'envoie, ma très chère compagne, deux espèces de semences qu'il importe de planter le plus tôt possible. L'une appelée attingote produit une espèce de cerise délicieuse au milieu de l'hiver, et dans une grande abondance [3]; l'autre te produira de bons marrons avec le temps. Il faut mon amie que tu demandes à Rigaut une petite hottée de bon terreau; tu en rempliras la terrine et les pots [4] qui sont sur le balcon. Tu sèmeras les attingotes dans la terrine, et planteras [5]

---

1. De Paris; — du 8 prairial an III, c'est à dire du 27 mai 1795 (mercredi); — signée; — sans adresse; — pas oblitérée; — en grande partie inédite, Aimé Martin n'en ayant publié qu'un fragment. — Cette lettre porte le n° 18 dans la *Correspondance imprimée* et le n° 17 dans la collection Gélis-Didot.

2. Le passage mis entre crochets a été supprimé par Martin.

3. En marge, au crayon, le mot : *non*.

4. Ce mot est raturé.

5. Le mot : *planteras* est raturé.

les marrons dans les pots, un dans chaque [1]. Il y a de mauvais oignons de plus [2] qui ne valent rien et que tu en ôteras. Les semences recouvertes d'un demi-pouce de terreau, tu auras soin de les faire bien arroser avec de l'eau de la rivière, et non du puits, qui aura été quelque temps au soleil. Au moyen de leur exposition qui est très chaude sur le balcon, il sera inutile de les mettre dans une couche [3]. A cette occasion tu auras soin de bien faire arroser mon oranger qui doit repousser maintenant. Tu vois que que je ne néglige rien pour enrichir notre jardin de plantes utiles. Mais ne perds pas de temps, car si tu tardes seulement huit jours il faudra attendre à l'année prochaine. J'ai fait une bonne partie de tes commissions. Préviens-moi donc de l'arrivée du voiturier, afin que je puisse t'envoyer le berceau avec tout son équipage; il n'est pas chez moi et je ne l'enverrai chercher que quand il sera nécessaire.]

Hier, ma 3e séance. Les applaudissements ont continué, mais moins fréquemment qu'aux premières. Celle-ci était cependant la plus importante, puisqu'elle renfermait mon plan, ouvrage de 3 ans de méditation, mais elle avait plus besoin d'être étudiée que lue. D'ailleurs, le grand nombre partout

1. Les mots : *un dans chaque*, oubliés, ont été ajoutés au-dessus de la ligne.
2. Ce mot est douteux.
3. En marge, au crayon : *détail du tems.*

ne veut que des détails qui l'amusent ; d'autres sont en garde contre les systèmes nouveaux. Cependant [1] si les compliments n'ont pas été si nombreux, ils m'ont paru plus sincères [2]. L'un m'a demandé ma parole de prendre son fils pour mon secrétaire quand il serait en âge, un autre s'est déclaré mon disciple, plusieurs m'ont prié instamment de faire imprimer mes leçons à part. Un autre m'a dit : nous étions cannibalisés, vous nous avez humanisés. Un bon nombre demandait à me venir voir dans mon logement. Je me suis défendu par des inclinations de tête ; enfin j'étais [3] assez embarrassé et du présent et de l'avenir, pour un ouvrage qui [4] n'est pas encore à moitié, lorsque j'ai appris avec un plaisir secret que l'École normale finirait [5] ses séances le 24 de ce mois. Ainsi, ce sera elle qui me quittera. Tout va bien, il suffit de se reposer sur la providence. J'aurai donc le plaisir de revoir bientôt ma chère solitude et ma digne compagne Le séjour de Paris me peine. Je ne vois que des spectacles de douleur. Un pain y excite l'envie plus que le succès d'un ouvrage parmi des auteurs. Voilà pourquoi je t'avais prévenue de faire rester le mien bien empaqueté à la messagerie, où sur ta lettre d'avis, j'aurais été le chercher la nuit. Imagine-toi que l'on compte mes

1. Après : *cependant,* il y a le mot : *beaucoup,* rayé.
2. Après : *sincères,* il y a le mot : *plus,* rayé.
3. Martin imprime : *j'ai été.*
4. Ce mot est raturé.
5. Martin imprime : *finissait.*

12

morceaux dès qu'on sait que j'ai un pain. On[1] me trouve très heureux : nous n'en avons, disent-ils, qu'un quarteron par tête. Cependant j'use du mien le plus généreusement possible. J'en fais aussi souvent une petite part à quelque infortuné élève[2] de l'École qui, à l'auberge, se plaint de n'en avoir pas mangé depuis 3 ou 4 jours, ou dans quelque maison où l'on me retient à dîner et où pour cinq ou six personnes, il n'y a quelquefois qu'une livre de pain, dont la moitié est[3] réservée pour le souper. J'ai trouvé le moyen d'avoir une carte qui m'en donne un quarteron par jour que je laisse à la famille Bailly, j'y joins[4] quelquefois des pommes de terre, et je compte lui laisser ma carte pour la viande. Mais les gens affamés comptent moins ce que vous leur donnez que ce que vous vous réservez. L'hospitalité est suspecte, on vous invite volontiers dès qu'on sait que vous avez du pain de la campagne, aussi je ne mange guère qu'à l'auberge, où un repas qui m'eût coûté autrefois 30 .....[5] me coûte 8 à 9 .....[6] sans le pain. Le soir je soupe avec quelques pommes, et j'y ajoute un verre de vin. J'en ai pris 4 bouteilles de[7] la cave qui

1. Ce mot est raturé.
2. Même remarque.
3. Le mot : *est*, oublié, a été ajouté au-dessus de la ligne.
4. Ce mot est raturé.
5. Martin imprime : *sous*; il n'y a qu'une abréviation.
6. Martin imprime : *francs*; il n'y a qu'une abréviation.
7. Martin publie : *dans*.

j'espère me dureront tout [1] mon séjour, quoique j'en aie employé une à payer [2] ma bienvenue [3] chez le C[n] [4] Bailly. Je le ménage plus que s'il était à moi.

Toutes ces considérations, mon amie, me font désirer mon [5] retour et la culture de mon jardin. N'y laisse pas un pied [6] de terre qui ne rapporte, je t'en conjure. Profite de la saison, les temps deviendront encore plus malheureux [7].] Je suis fâché que Ricour ait planté des pois : c'est une proie pour les rats; d'ailleurs les pois emploient des rames dont j'ai besoin pour les haricots, de plus ils ne réussissent pas dans tout le jardin. Je m'en repose sur toi sur le choix d'une domestique, cependant si tu renvoies Geneviève il serait juste de lui donner quelques jours pour chercher une condition. Pendant ce temps elle ne te sera pas inutile, elle laboure et plante [8] aussi bien que la Ricour quand elle veut. L'arrivée de ton pain va me mettre à même d'en être un peu généreux. J'irai voir aujourd'hui ta tante Léger et je lui en porterai un morceau. Remercie ta mère qui me fait vivre dans une abondance que je peux étendre jusqu'à ses parents.

1. Martin imprime : *pendant.*
2. Martin imprime : *pour.*
3. Ce mot est raturé.
4. Martin écrit : *sieur.*
5. Le mot : *mon* est écrit au-dessus d'un mot raturé, illisible.
6. Ce mot est raturé.
7. Tout le passage entre crochets a été supprimé par Martin.
8. Les mots : *et plante,* oubliés, sont écrits au-dessus de la ligne.

En reconnaissance je t'envoie pour elle et pour toi quelques figues et un quarteron de beaux marrons, dont je te prie de planter incessamment les 6 plus beaux, ainsi que les autres graines ci-jointes excepté les épinards. Je renferme dans ta lettre, la fameuse attingote. Il y a de plus mon linge[1] sale en partie et plusieurs objets dont je n'ai pas besoin. Renvoie-moi promptement des mouchoirs, et autre linge. Je t'embrasse de tout mon cœur ainsi que ton père, ta mère et ton enfant.

Paris, ce 8 prairial, l'an 3 de la rép. 1 et indivisible. DE S¹ PIERRE.]

52. — DE BERNARDIN DE SAINT-PIERRE [2].

A la Citoyenne De Saint Pierre
chès le Cit. didot pere quay des Augustins
a Paris [3].

' Je sens, ma chère amie, que tu manques déjà à mon bonheur. J'attendais hier de tes nouvelles, je

---

1. Ce mot est raturé.
2. D'Essonnes; — du 6 vendémiaire an IV, c'est-à-dire du 28 septembre 1795 (lundi); — signée; — porte une adresse; — oblitérée; — publiée par Aimé Martin. — Cette lettre porte le nᵒ 19 dans la *Correspondance imprimée* et dans la collection Gélis-Didot.
3. Sur la page de la lettre où se trouve l'adresse, il y a toute une colonne de chiffres, écrite par Bernardin.
4. En tête de la lettre, Martin imprime : *Essonne, 6 vendémiaire an IV*; ces mots ne figurent pas, à cette place, sur le manuscrit.

n'en ai point encore aujourd'hui. J'ai des inquiétudes à ton sujet et pour ton papa. On m'a dit depuis ton départ qu'il était fort mal. Je me confirme dans [1] cette idée par le long séjour de ton frère St-Léger à Paris. Si [2] ton père est malade, ton affection pour lui augmentera ton indisposition. Je ne peux trouver à qui parler de mes peines, et je dois les cacher surtout à ta mère. Un mot de lettre de ta [3] part aurait calmé toutes mes sollicitudes, et ton silence les augmente.

J'ai couché la nuit de ton départ, seul dans ma maison, Catherine étant allée reposer chez sa mère malade de la fièvre. Hier, après dîner, je suis rentré chez moi, et [4] me suis couché de bonne heure, sans souper. J'attends de tes nouvelles à l'arrivée des voitures : s'il en arrive, je t'y ferai réponse, celle-ci partira à tout événement aujourd'hui, pour te réitérer les assurances de ma tendre et constante amitié. Sois l'interprète de mes sentiments auprès de ton père et de ma chère enfant. Embrasse-les tous deux pour moi.

Comme je ne doute pas, quoi qu'en ait dit le chirurgien, que ton lait ne t'ait tourmentée dans le voyage, si tu ne peux vaincre sa fougue, n'hésite pas

1. Martin imprime : *de*.
2. Mot raturé.
3. Les mots : *de la* ont été corrigés.
4. Ce mot est raturé.

à allaiter ta fille. Le remède est auprès de toi, son sevrage n'en sera qu'un peu retardé.

Mon amie, il n'y a qu'un être qui ne nous trompe point, qui seul mérite notre confiance, qui nous donne le bon esprit pour diriger notre santé et nos affaires, c'est Dieu. Je le prie de venir à ton secours.

Je t'embrasse de tout mon cœur comme ton cher et meilleur ami. Ma chère épouse, ton ami [1].

DE SAINT-PIERRE.

Mes amitiés à nos [2] amis communs.

à Essonnes ce 6 vendémiaire, l'an 4e de la Rép.

53. — DE FÉLICITÉ DIDOT [3].

Au Citoyen
De Saint Pierre.

[Je suis à Paris mon tendre ami, dans un temps bien orageux de toutes manières.] Je crains que cela ne retarde l'envoi de ce que l'on t'a promis. Le Cit. Grégoire a bien autre chose à penser que de venir chez

---

1. Martin n'a pas imprimé : *ton ami.*
2. Ce mot est raturé.
3. De Paris; — du 12 vendémiaire, probablement an IV; c'est-à-dire du 4 octobre 1795 (dimanche); — signée; — porte une adresse; — pas oblitérée; — publiée dans la *Revue des Deux Mondes* avec le n° 1; avant nous, MM. Meaume et Largemain en avaient cité des fragments que nous avons mis entre crochets. — Cette lettre porte le n° 32 dans la collection Gélis-Didot; la Bibliothèque du Havre en possède une copie.

Je m'en étois bien douttée trop sensible Clément
que les derniers pages de ma lettre te causeroient
du chagrin, aussi à peine fut elle partie que
je me repentis moi même des expressions qu'elle
contenoit, mais puisque trop de vivacité à vouloir
à te faire connoître, à quelle douleur nouvelle serons
seroient exposé si tu pouvois un jour de douttes pour
un si petit sujet, quelle seroit enfin à toi prendre
que pour qui on s'aime bien, ces douttes sont des
offences mortelles, je ne veux pas pouvoir que
...

moi, sûrement [toutes affaires de ce genre sont suspendues dans un moment si critique], tout cela joint à ce que Chamberry est souvent en route m'empêche [de prendre à Paris la dissipation que je m'étais promise, et à laquelle tu as toi-même l'aimable attention de m'engager]; je n'ai pu encore trouver jour à aller dîner chez la mère Housset; je n'ai pas non plus retourné chez le cit. Crouleboie, m'aie[1] à l'égard de ton contrefacteur[2], nous en avions par.. le jour qu'il est venu déjeuner avec moi. Je me rappelle qu'il m'a dit que l'on en avait saisi 42, mais que c'en était resté là [malgré les autres mesures que l'on a prises; les lois ne sont nullement suivies, la plus petite affaire est remplie d'entraves, aujourd'hui on ne pourrait pas même trouver un portefaix, ils sont tous avec leur section].

[Je désire pour mon bon papa et pour ma tranquillité le rétablissement de sa santé, je voudrais partir avec lui, Essonnes est bien plus tranquille, puis ton aimable solitude renferme ce que j'ai de plus cher au monde, toi et ton enfant. Voilà le vrai bonheur et toute la consolation de ta Félicité. Tu trouveras notre

1. Félicité a sans doute voulu dire : *mais*.
2. Bernardin lutta toute sa vie contre ceux qui se livraient à la contrefaçon de ses œuvres; il employa tous les moyens pour empêcher leur industrie de se développer; c'est ainsi que lorsqu'il publia la 4ᵉ édition des *Études*, il fit fabriquer du papier spécial, sur lequel son nom était en lettres transparentes dans les feuillets du titre.

chère Virginie maigrie, ses [1] dents y ont contribué,
et le sevrage aussi; elle n'a plus avec moi cette gaieté
qui la rendait si aimable, mais elle a comme ton
habitation une petite teinte de mélancolie qui la
rend plus intéressante; je ne lui laisse pas oublier
son père, quoiqu'elle entende encore fort peu de
chose elle te connaît très bien, lorsque je prononce
ton nom la pauvre petite te cherche des yeux et ne
te trouvant pas je me suis déjà aperçue qu'elle allait
pleurer; mais alors je la distrais en chantant et toute
ma chanson est nous le reverrons bientôt; adieu, bon
ami, car je m'aperçois que je bavarde; tu dois
m'excuser puisque c'est de notre enfant que je parle.]

F. DE SAINT-PIERRE.

Si tu peux m'envoyer quelques pommes de rambour
notre Virginie les préfère aux cuites, elles sont aussi
plus favorables pour les gencives; gardes-en pour toi,
je n'en veux que pour elle.

le 12 Vendémiaire.

1. Félicité écrit : *c'est* (!)

54. — DE BERNARDIN DE SAINT-PIERRE [1].

A la Citoyenne De Saint Pierre
chès Le Cit. Didot pere
quay des Augustins

N° 22

à paris.

Ma bonne amie, j'attends ton retour avec impatience ainsi que celui de ton père. Ton frère St-Léger a fait entendre à ta mère que ce qui retardait sa convalescence était le retardement même de ses affaires. A cette occasion, elle m'a parlé de l'acte que ton père a fait signer à tes frères; je lui ai dit que j'avais toujours été disposé à suivre leur exemple sur ce point, d'autant que je n'ai jamais eu aucune prétention sur la papeterie, ni sur la succession de personne; que je ne me croyais en aucune manière le droit d'empêcher ton père de disposer de son bien comme il l'entendait; que je croyais à St-Léger, ton frère, des droits de préférence sur la propriété de la papeterie par les soins qu'il y donnait depuis longtemps; que ton père ne voulait pas faire tort à ses autres enfants; qu'il n'y avait qu'une clause qui

1. D'Essonnes; — du 18 vendémiaire an IV, c'est-à-dire du 10 octobre 1795 (samedi); — signée; — porte une adresse; — oblitérée; — pas entièrement publiée par Aimé Martin. — Cette lettre porte le n° 20 dans la *Correspondance imprimée* et dans la collection Gélis-Didot.

me semblait qu'on n'avait[1] pas prévue, c'est que si ton frère St-Léger fait des bâtiments ou autres constructions pendant la jouissance de son bail il sera fondé à répéter le remboursement de ses avances en argent, tandis qu'il en aura fait la dépense en assignats de peu de valeur, car je suppose qu'à l'époque du remboursement le papier n'aura plus cours.

Peut-être a-t-on prévu cet événement dans le bail de la papeterie, mais il n'en est point question dans l'acte de vente et de cession de propriété.

Communique à ton papa, ces réflexions ; et assure-le en même temps qu'elles n'ont retardé en rien ma signature, que j'ai offert plusieurs fois à ta mère de la donner ainsi qu'à lui[2], et qu'elle me paraît maintenant disposée à la recevoir et à y ajouter la sienne : nous ne désirons que son[3] contentement de ton papa[4] et son rétablissement. J'y ajoute son retour ainsi que le tien et celui de notre chère Virginie. Le ménage va mal depuis ton départ. Le chien a mangé le coq, le vent jette bas les pommes. Catherine va en vendange et[5] ne vient que le soir souper et elle[6] retourne le

1. Martin imprime : *semblait n'avoir*.
2. Les mots : *ainsi qu'à lui*, oubliés, ont été ajoutés au-dessus de la ligne.
3. Le mot : *son*, est écrit par-dessus le mot : *le*.
4. Les mots : *de ton papa*, oubliés, ont été ajoutés au-dessus de la ligne.
5. Martin n'imprime pas : *et*.
6. Martin n'imprime pas : *elle*.

soir [1] coucher chez elle. Elle m'a prévenu, qu'aujour-
d'hui excepté, elle ne viendrait plus du tout, à cause
des travaux de sa vigne et de sa maison, sa mère
étant malade. Je suis donc tout seul pensant souvent
à toi.

[J'ai reçu une lettre de [2] Cit. Grégoire, qui m'annonce l'expédition de bons relatifs aux subsistances
dont il va solliciter l'envoi. L'article du pain souffre
des difficultés. Je m'en vais aujourd'... [3] pour cet
objet. Toutes ces courses et écritur... [4] perdre un
temps que je dois à... [5].

Adieu, je t'embrasse de tout mon c... [6].

A Essonnes, ce 18 vendémiaire l'an 4ᵉ. DE SAINT... [7].

N'oublie pas de m'acheter une bouteille d'encre, et
des plumes.] [8]

---

1. Martin n'imprime pas : *le soir*.
2. Après : *de*, il y a un mot raturé.
3. La fin du mot est illisible, la lettre étant déchirée.
4. La fin de ce mot est illisible, et la suite indéchiffrable, la
lettre étant déchirée.
5. Même remarque.
6. *Idem*.
7. *Idem*.
8. Martin a supprimé le passage mis entre crochets.

55. — DE FÉLICITÉ DIDOT [1].

J'ai reçu, mon ami, les 4 bourriches que tu m'as envoyées, c'est-à-dire 3, car [2] le grand panier ne contenait qu'un pot de beurre plus petit que le premier que nous avons reçu, et ce qui t'a paru une 4e bourriche était des bâtons que l'on avait mis pour empêcher le pot de se [3] heurter [4]; je croyais aussi que la bonne Me Dénoe [5] t'avait annoncé 12 fromages, je n'en ai trouvé que 11, j'ai pensé que tu en as fait cadeau d'un.

Comme je crois bien que tes affaire... [6] te tiendront plus longtemps à Paris que tu ne penses toi-même je te fais passer deux lettres que j'ai reçues depuis ton départ.

[Nous sommes tous sensibles à l'amitié de mon papa, maman cependant à qui j'ai montré ta lettre doute y avoir part, tu es parti dans l'intention de les rapprocher s'il est possible, je pense que ce serait

1. D'Essonnes; — datée : ce 21 brumaire; elle est selon nous du 21 brumaire an IV, c'est-à-dire du 12 novembre 1795 (jeudi); — signée; — sans adresse; — pas oblitérée; — inédite en très grande partie, M. Largemain n'en ayant cité qu'un très court fragment. — Cette lettre se trouve à la Bibliothèque du Havre (dossier 201, p. 14 bis et 15).
2. Ce mot est difficile à lire.
3. Le mot : se, oublié, a été ajouté au-dessus de la ligne.
4. Après : heurter, il y a les mots : quelque, qui ont été rayés.
5. Ce mot est douteux.
6. La fin du mot disparaît au bord du feuillet.

un acte digne de ton caractère, d'y essayer] [1]. Comme je serrais nos [2] provisions M⁣ᵉ de Montaran est venue pour te voir, avec à peu près la même société que la dernière fois; Mᵣ de Montaran en [3] me quittant a dit espérer être une autre fois plus heureux; adieu mon ami, je souhaite que tu termines tes affaires promptement et suivant tes désirs, ton amie.

F. DE SAINT-PIERRE.

P.-C. [4] — Tes pommes de terre sont rentrées; Catherine a arraché aujourd'hui les betteraves, demain comme il continue de faire froid elle arrachera les autres légumes; le jardinier est venu aujourd'hui et s'en est retourné sans vouloir me parler, lorsqu'il a su que tu n'y étais pas; je [5] tachera... [6] de voir Mᵣ Robin à son sujet. Si mon oncle fait mettre mon manchon à la maison veux-tu te charger de me l'apporter.

ce 21 Brumaire.

1. Passage cité par M. Largemain.
2. Après : *nos*, le mot : *petite*, a été rayé.
3. Ce mot est corrigé.
4. Félicité semble croire que l'on disait un : *post-criptum*
5. Le mot : *je* est corrigé.
6. La fin du mot disparaît au bord du feuillet.

56. — DE BERNARDIN DE SAINT-PIERRE [1].

A la Citoyenne de Saint Pierre
auprès de la Papeterie
a Essonnes.

Ton papa mon amie a passé une bonne nuit, il me dit qu'il est plus tranquille [qu'il ne s'est jamais trouvé] [2]. Le médecin doit passer cette après-midi et si la fièvre ne le reprend point comme avant hier, il changera quelque chose à son régime, afin de le fortifier.

Je n'ai que le temps de t'assurer de mon amitié. Malgré mes courses et mes écritures mes affaires ne finissent point. Je vais faire aujourd'hui celle que j'ai vers le f. b. Marceau [3], ce qui m'engagera à dîner chez ton oncle, qui m'y [4] a invité [5].

Tu peux croire que je fais [6] mon possible pour ramener [7] une réconciliation. Ton papa m'a paru n'avoir point de ressentiment contre ta mère, je ne

1. De Paris; — du 24 brumaire an IV, c'est-à-dire du 15 novembre 1795 (dimanche); — signée; — porte une adresse; — oblitérée; — publiée en très grande partie par Aimé Martin. — Cette lettre porte le n° 21 dans la *Correspondance imprimée* et dans la collection Gélis-Didot.
2. Passage supprimé par Martin.
3. Martin imprime : *vers le faubourg Saint-Marceau.*
4. *y* : supprimé par Martin.
5. Il y a en marge de ce passage le mot : *bon,* au crayon.
6. Martin imprime : *ferai.*
7. Martin imprime : *amener.*

doute pas que si sa santé se raffermissait son amitié ancienne ne se réveillât. J'ai toujours soin en lui parlant de ta mère, de lui parler de toi. Par exemple je lui dis qu'en t'écrivant tous les jours je fais un grand plaisir à toutes les deux. Je vous accouple tant que je le peux. Puissiez-vous l'être tous d'affection. Mais, pour mon compte, certaines avances de ma part ne font que rendre certains esprits encore plus revêches. Enfin mon amie, je croirais avoir bien réussi dans mon voyage si je pouvais rapprocher ce qui ne devait jamais être séparé.

Je vous[1] embrasse tous [et je vous quitte pour écrire à un représentant, ensuite me mettre en course.][2]

Ton ami DE SAINT-PIERRE.

A Paris, ce 24 brumaire l'an 4ᵉ de la Rép.

N'oublie pas d'envoyer du pain. Je pourrai t'écrire demain le jour de mon retour.

---

1. Les mots : *je vous*, sont raturés.
2. Passage supprimé par Aimé Martin.

57. — DE BERNARDIN DE SAINT-PIERRE [1].

A la Citoyenne De Saint Pierre

a Essonnes.

[2] On s'est trop pressé mon amie en t'écrivant de venir. Ton papa se trouvait mieux ce soir et il a passé une assez bonne nuit. Il est dans un état à laisser encore longtemps à craindre et à espérer. J'ai débuté hier, étant tête à tête avec lui, par lui témoigner le désir ardent que ta mère et toi avaient de le voir, car de son côté il avait commencé par me demander comment on se portait. Mais il n'a répondu que ces mots à mes sollicitations : Si elles viennent ici elles me donneront le coup de la mort. C'est ce qu'il m'a répété plusieurs [3] fois. Je lui ai dit : Vous n'avez rien à objecter à votre fille. Sa sensibilité, m'a-t-il dit. C'est la même objection pour sa femme, car il ne veut que son bonheur et il veut lui en donner des preuves à son retour à Essonnes [4]. Il désire ardemment la campagne. A cette occasion je lui ai parlé de la procuration de Rousseau [5], il m'a dit qu'il avait donné ordre de la

1. De Paris ; — du 13 frimaire an IV, c'est-à-dire du 4 décembre 1795 (vendredi) ; — signée ; — porte une adresse ; — pas oblitérée ; — pas complètement publiée par Aimé Martin. — Cette lettre porte le n° 22 dans la *Correspondance imprimée* et dans la collection Gélis-Didot.

2. Martin imprime en tête de la lettre : *ce 13 frimaire an IV*; ces mots ne sont pas à cette place sur le manuscrit.

3. Ce mot est raturé.

4. Après : *Essonnes,* il y a un mot rayé, illisible.

5. Martin imprime : *R....*

faire en mon nom. [Mais le Cit. Bailly n'a pu encore la faire expédier attendu qu'il faut que cet ordre soit donné au notaire par ton papa même. Je viens de lever cette difficulté. Il en renverra [1] chercher le 1er clerc du Cit. la Rue.][2]

Mon amie, il est bien à propos que tu ne viennes pas ici dans ce moment, je reviendrai à la charge pour ta mère, mais je n'espère pas réussir.

Je t'écris à la hâte car j'attends du monde [et Rigoult va partir; il te remettra tes 2 bouteilles remplies d'huile à brûler et un exemplaire de mes Etudes pour ton médecin. Demande à ta mère les 2 voyes de charbon mesure de Paris qui ont été délivrées ici à la Cite Bordier, ainsi que son mari en fera foi.][3]

Recommande à Catherine d'enfouir le fumier dans la terre en labourant c'est une opération essentielle.

Je te prie, pour l'amour de moi et de notre enfant de prendre soin de ta santé, je te manderai des nouvelles de l'Institut quand j'en saurai. Tes lettres sont mises à la poste. Porte-toi bien, conserve avec ta mère la concorde. Deux faibles arbrisseaux se supportent dans les orages et y résistent.

Je vous embrasse toutes les deux de tout mon cœur.

Ton ami DE SAINT-PIERRE.

Ce 13 frimaire l'an 4e.

1. Ce mot est difficile à lire.
2. Passage supprimé par Aimé Martin.
3. Même remarque.

Il paraît un décret favorable aux propriétaires, qui ont affermé; c'est qu'il les autorise à ne pas recevoir leurs rentes jusqu'à [1] nouvel ordre attendu le discrédit des assignats. J'ai dit cette nouvelle à ton père dans l'espérance de lui faire plaisir. De toutes façons ce décret sera utile à ceux qui ont affermé leurs propriétés.

[.... [2] Didot demande de vieux draps, on renverra les sales par la 1ere occasion.][3]

58. — DE BERNARDIN DE SAINT-PIERRE [4].

A la Citoyenne De Saint Pierre
a Essonnes.

Plus nous perdons d'amis, plus nous devons resserrer les liens de l'amitié avec ceux qui nous restent. Tu n'as point[5] perdu ton père, mon amie, puisque mon âge, ma qualité d'époux et la tendre affection que je te porte m'en donnent les fonctions auprès de

---

1. Après : *jusqu'à*, les mots : *ce que*, ont été rayés.
2. Avant : *Didot*, il y a un mot illisible.
3. Passage supprimé par Aimé Martin.
4. De Paris; — du 18 frimaire an IV; c'est-à-dire du 9 décembre 1795 (mercredi); — signée; — porte une adresse; — oblitérée; — Aimé Martin n'en a imprimé qu'un fragment assez court jugeant, sans doute, qu'il était préférable pour Bernardin, de ne pas publier, en entier, une aussi curieuse lettre de condoléances. — Cette lettre porte le n° 23 dans la *Correspondance imprimée* et dans la collection Gélis-Didot.
5. Martin imprime : *pas*.

toi. Mais nous avons tous un père commun du sein duquel nous sortons et où nous rentrons. C'est celui-là que nous devons invoquer dans nos malheurs; c'est pour obéir à ses lois que nous devons nous rapprocher non seulement de nos amis, mais de nos ennemis mêmes qui après tout sont nos frères.

D'après ces sentiments, je me suis réuni autant qu'il était en moi à tes frères en leur recommandant une concorde mutuelle. Ils ont paru partager mes sentiments, j'espère qu'ils s'étendront à toute la famille. L'état de ta mère m'inquiète et pour elle et pour toi. Donne-moi des nouvelles de sa santé et de la tienne. Calme ses regrets, en l'assurant que c'est la crainte de sa sensibilité qui a empêché ton père de la voir.

[1] [J'ai reçu le pain que tu m'as envoyé, je ne sais s'il est de la papeterie, mais il n'y a pas d'apparence. En ce cas n'oublie pas d'en faire envoyer à M^{de} Bordier, nommée gardienne des scellés de la succession.

Quand ton affliction te donnera [2] quelque relâche n'oublie pas de faire labourer le jardin afin que le fumier soit enfoui dans la terre; c'est une opération nécessaire et urgente. Ensuite tu feras tailler la haie.

Mes affaires [3] sont en grand nombre, la nomination des candidats n'est pas encore discutée. Je me rends

1. Tout le passage mis entre crochets a été supprimé par Aimé Martin.
2. Ce mot est raturé.
3. Ce mot est raturé.

pour cet objet tous les soirs au Louvre à 5 heures; je t'embrasse de tout mon cœur, ainsi que notre enfant et ta mère; adieu ma tendre et bien-aimée.

Ton ami, DE SAINT PIERRE.

J'aurais besoin de l'habit noir et de la veste, tâche de la faire raccommoder promptement.

A Paris ce 18 frimaire l'an 4e.

Tu ne me dis rien de la chèvre; il faut lui faire mettre la vieille corde de la génisse, l'attacher avec un piquet de bois, la faire paître et prendre bien garde qu'elle ne touche aux arbrisseaux, car elle fait périr tous ceux qu'elle broute.

Le panier de ton oncle Léger a été renvoyé à la papeterie.]

59. — DE BERNARDIN DE SAINT-PIERRE[1].

A La Citoyenne De Saint Pierre
à Essonnes.

[Je suis bien inquiet, ma chère femme, de ta santé[2] et de celle de ta mère[3].] Donne-m'en, je t'en prie, des

---

1. De Paris; — du 20 frimaire an IV; c'est-à-dire du 11 décembre 1795 (vendredi); — signée; — porte une adresse; — oblitérée; — certains passages ont été publiés par M. Largemain, qui ne prend pas soin d'avertir le lecteur qu'il pratique des coupures dans le texte. Cette lettre se trouve à la Bibliothèque du Havre (dossier 195, p. 5 et 6).

2. Félicité était enceinte pour la seconde fois; son enfant, un fils, Paul, naquit le 3 juin 1796 (25 prairial an IV); il ne vécut que six mois.

3. Passage cité par M. Largemain.

nouvelles. Crois-tu qu'elle se dispose bientôt à venir ici? il y a une circonstance qui semble nécessiter la levée prochaine des scellés, c'est que la C. Bordier couche à côté des commodités et craint de tomber malade de leur infection, ce qui n'arriverait pas si elle couchait dans son ancienne chambre qui est sous le scellé.

Mon séjour ici sera plus long que je ne l'avais cru. Envoie-moi donc un[1] pain, des pommes, quelques mouchoirs.

Il faut aussi que ta mère envoie des vivres à la C[e] Bordier, qui demande du beurre, des choux, du céleri, du fromage, des haricots. Le beurre vaut 1 ed. 130 ...[2].

[Je te recommande, ma bonne amie, le soin de notre enfant[3]. Dissipe-toi, car dans ton état le chagrin peut te faire beaucoup de mal. Je m'ennuie de ne pas te voir et je ne puis pas encore déterminer le temps de mon retour, car nos nominations vont lentement. Après elles viendront les règlements et après tant d'embarras je doute fort que je puisse accepter une place à l'Institut, si elle m'oblige à résidence[4]. Mon travail me rappelle dans ma chère solitude. Il me

1. Ce mot est corrigé.
2. Ces chiffres sont difficiles à lire, les derniers seuls sont déchiffrables.
3. Les premières lettres du mot : *enfant*, sont raturées.
4. Bernardin fut en effet nommé membre de l'Institut (section des sciences morales et politiques).

semble que j'y vis dans un autre monde, mon âme y est plus libre et la sphère de mes idées plus étendue, je ne te parle pas de toi, le centre de toutes mes affections. Adieu ma tendre amie, songe dans tes mélancolies que tu te dois à ta mère, à ton enfant, à ton époux.][1]

DE SAINT-PIERRE.

A Paris ce 20 frimaire l'an 4e.

60. — DE BERNARDIN DE SAINT-PIERRE [2].

A la Citoyenne De Saint Pierre
à Essonnes.

Quand j'ai le loisir de chercher un moment de récréation, je t'écris, ma chère Pénélope; ton Ulysse est errant au milieu des affaires litigieuses et des hommes insidieux. Malgré les avances que j'ai faites pour me rapprocher de tes frères, ils s'éloignent de plus en plus de moi. Ils paraissent dévoués aux intérêts de celui qui depuis longtemps s'est déclaré mon ennemi. Ta[3] cousine Ternois[4], et ensuite ton

1. Passage publié par M. Largemain.
2. De Paris; — du 4 nivôse an IV; c'est-à-dire du 25 décembre 1795 (vendredi); — signée; — porte une adresse: — oblitérée; — entièrement publiée par Aimé Martin. — Cette lettre porte le n° 25 dans la *Correspondance imprimée* et dans la collection Gélis-Didot.
3. Ce mot n'est pas très lisible.
4. C'est peut-être : *Tesnois*.

frère l'imprimeur, les ont rassemblés à dîner sans m'y inviter. Il semble qu'ils ne me comptent pas au nombre de[1] la famille[2]. Leur conduite me fait rire ; mais elle m'apprend que j'ai fait une imprudence en prenant pour mon[3] fondé de procuration le Cit. Prosper, qu'ils ont chargé de leurs intérêts, à l'exception de l'aîné qui en a de différents. J'avais sacrifié les nôtres à l'esprit de conciliation. Quoi qu'il en soit ma procuration ne peut servir que pour l'inventaire car il sera nécessaire que je te donne une autorisation pour que tu m'envoies ta procuration lorsqu'il s'agira des partages. Mais nous aurons[4] le temps d'y penser et de choisir un homme qui mérite notre confiance.

Nous en parlerons à Essonnes où je compte te revoir le plus tôt que je pourrrai. Ta mère se porte bien, elle est fort contente de la conduite de l'imprimeur. Je la maintiens dans ces sentiments, car ce n'est qu'à toi que je fais part des miens, et seulement pour te rendre compte de mes observations[5] et de nos affaires. Je ne te parlerai pas de celles de l'Institut, qui s'organise lentement ; quand j'aurai donné ma voix pour nos correspondants, ce qui arrivera le 7, je songerai à revenir auprès de toi m'occuper du grand travail dont tu es ma plus agréable distraction.

1. Martin imprime : *pas dans la famille.*
2. En marge de ce passage, il y a le mot *bon* écrit au crayon.
3. Martin a omis : *mon.*
4. Ce mot est raturé.
5. Bernardin avait d'abord écrit : *ma conduite.*

Les affaires générales ne m'empêchent pas de m'occuper des tiennes. J'ai retiré ta montre de chez Fillon, auquel j'ai payé 100 … [1] de raccommodage. La couturière a fait remettre chez moi ta robe noire et ta robe chinée. Ta tante Charpentier m'a donné pour toi deux paires de semelles pour notre Virginie. Elle doit m'apporter ta bague. J'acquitterai tous ces frais, et si je trouve une occasion plus prochaine que celle de mon retour, je satisferai à tes désirs. De ton côté remplis les miens, ma petite Pénélope, en me donnant de tes chères nouvelles. Je n'en ai point encore reçu. Adieu je t'embrasse de tout mon cœur. Ton ami DE SAINT-PIERRE.

A Paris ce 4 nivôse l'an 4e.

Je t'ai acheté quelques morceaux d'une terre excellente pour savonner les tabliers [2].

61. — DE BERNARDIN DE SAINT-PIERRE [3].

A la Citoyenne De Saint Pierre

a Essonnes

Ta mère est fort inquiète de ta santé ou [4] de celle

---

1. Martin imprime : *francs*, il n'y a qu'une abréviation.
2. Après : *tabliers*, on voit le commencement d'un mot illisible.
3. De Paris ; — du 6 nivôse an IV, c'est-à-dire du 27 décembre 1795 (dimanche) ; — signée ; — porte une adresse ; — oblitérée ; — pas entièrement publiée par Aimé Martin. — Cette lettre porte le n° 26 dans la *Correspondance imprimée* et dans la collection Gélis-Didot.
4. Martin imprime : *et*.

de notre enfant. Elle trouve étrange que tu ne me[1] répondes pas. En effet voilà le .....[2] jour que je suis parti, la troisième fois que je t'écris, il n'y a que sept[3] lieues de distance, et je n'ai pas encore de tes nouvelles. Je t'excuse sur la négligence de la poste et les mauvais chemins qui ne permettent pas au facteur de se charger d'une seule lettre à la fois[4]. Il attend quelquefois qu'il y en ait plusieurs pour se mettre en route. Oui, mon amie, je te crois trop attachée à tes devoirs pour oublier ton mari. Il n'y a point d'idée que je n'adopte plutôt que celle de ton indifférence.

Cependant, mon amie, si tu étais malade, fais-moi donner de tes nouvelles par Élisabeth. Mes affaires n'étant pas[5] près de finir, j'accélérerais mon départ de quelques jours. Mets toi à ma place, et agis à mon égard comme tu voudrais que j'agisse à la tienne[6]. La levée des scellés et l'inventaire qui devaient avoir lieu il y a quelques jours sont remis à aujourd'hui. J'attends les fondés de procuration, le notaire et le juge de paix. Demain nous procéderons[7], à l'Institut, à la nomination de nos correspondants; ces points

1. Martin a omis : *me*.
2. Ce doit être : *huitième*, bien que le papier soit mangé à cette place.
3. Ce mot est raturé.
4. Martin n'a pas imprimé : *à la fois*.
5. Après : *pas*, le mot : *prêtes*, a été rayé.
6. Martin imprime : *envers toi*.
7. On ne voit pas toutes les lettres du mot *procéderons*, le papier étant rongé.

principaux remplis, je songerai à me rendre auprès de toi, quoique plusieurs affaires importantes dussent me retenir encore à Paris. En attendant le plaisir de t'embrasser je te recommande à celui qui t'a donnée à moi pour être le centre de mon bonheur et je le prie de me faire coopérer au tien par tous les moyens qui sont en mon pouvoir. Adieu, vis contente et heureuse; ton meilleur ami —

DE SAINT-PIERRE.

A Paris ce 6 nivôse l'an 4[e] de la république.

[1][La lettre ne pouvant partir aujourd'hui j'ajouterai pour supplément que la tante Charpentier m'a remis ton anneau avec un état des frais, pour
redresser la cafetière.   250
pour façon et gravure de l'anneau.   360
pour matière d'argent. . . . . . .   146 — 9[s]. 9[d].
____
756.   9. 9]

L'inventaire est commencé à onze heures.

62. — DE BERNARDIN DE SAINT-PIERRE [2].

A la Citoyenne De Saint Pierre
a Essonnes.

Il faut, mon amie, tirer parti de ses ennemis pour se rendre meilleur. Leur malveillance nous perfec-

---

1. Ce passage a été supprimé par Aimé Martin.
2. De Paris; — du 9 nivôse an IV; c'est-à-dire du 30 décem-

tionne, en ce qu'elle surveille nos défauts. Quand nos ennemis sont nos parents ils nous sont encore plus utiles, car nous devons croire que nous tenons d'eux par les qualités du tempérament[1]. Il faut donc songer en cela à se réformer soi-même et espérer que nous pourrons les réformer par notre exemple.

Il y aurait de quoi faire sur ce texte un beau discours de morale, dont tu n'as pas besoin.

[2]Je vais répondre donc à quelques questions physiques que tu m'adresses.

Je me suis défait entièrement de mes démangeaisons avec mon gilet, et toutes mes spéculations ainsi que celles de ton médecin, dont tu te moques, n'avaient, comme tant d'autres, aucun fondement.

Je vais négocier avec ta belle-sœur, l'envoi des lentilles et d'un panier. Je m'occuperai aussi du soin de me procurer les ustensiles de la boulangerie qui nous manquent.

Ta mère, qui part demain, te remettra tes deux robes[3] et un paquet à moi avec les clefs de ma

bre 1795 (mercredi); — signée; — porte une adresse; — pas oblitérée; — presque complètement inédite, Aimé Martin n'en ayant imprimé qu'un court fragment; il l'a publiée avant deux lettres des 25 et 27 décembre; nous avons rétabli l'ordre, puisque cette lettre est du 30 décembre. — Cette lettre porte le n° 24 dans la *Correspondance imprimée* et dans la collection Gélis-Didot.

1. En marge de ce passage il y a le mot : *bon*, écrit au crayon.
2. Le passage entre crochets a été supprimé par Martin.
3. Ce mot est raturé.

chambre et de mon armoire que j'ai oublié de te laisser. Je tâcherai d'y joindre quelques livres d'une terre excellente pour savonner les gros linges. Aie soin de me renvoyer deux chemises, une bouteille à tabac et un col blanc.] J'attends le retour de ta mère pour retourner avec elle; ainsi, accélère son départ, si tu veux me revoir bientôt. C'est un désir qui accroît [1] en moi de jour en jour. Je n'aime point les assemblées; cependant j'ai ici des amis, chaque jour m'en présente de nouveaux. On m'écrit des lettres anonymes pour me dire les choses les plus flatteuses : cette bienveillance publique me console des peines domestiques, et une de mes joies est de penser qu'elle me survivra et que plus durable et plus douce que la fortune elle protégera un jour ma femme et mes enfants. Tâchons donc de la mériter par notre conduite, envers nos ennemis mêmes [2]. Je t'embrasse de tout mon cœur dans l'espérance de te revoir [3] bientôt.

Ce 9 nivôse l'an 4e; ton ami. DE SAINT-PIERRE.

[4][Je t'envoie de plus 9 mouchoirs, 1 cravate, 2 chemises et une serviette à blanchir.

Ta sœur [5] Didot a dû te faire observer qu'elle ne

---

1. Martin imprime : *s'accroît.*
2. Martin publie : *eux-mêmes.*
3. Martin écrit : *voir.*
4. Ce passage n'a pas été imprimé par Martin; il se trouve sur la quatrième page de la lettre; l'adresse est sur la troisième.
5. Ce mot est difficile à lire.

t'envoyait qu'un demi-boisseau de lentilles et un d'haricots, parce que ces grains étaient fort chers ; mais je te prie d'observer que les pommes ont renchéri dans la même proportion et que tu lui[1] dois fournir, suivant nos conventions, six cents pommes de capendu[2], reinette blanche et grise, et calville blanc de grosseur raisonnable, bien saines et bien conditionnées, et garnies de paille. Je t'envoie avec le sac de légumes un mannequin[3] que je voudrais que tu me renvoies plein de belles pommes, à l'adresse du Cit. Daubent[4]..., qui m'a plusieurs fois invité à dîner.

Baise Virginie pour moi.

Ne parle point à ta mère de l'indifférence de tes frères à mon égard.]

63. — DE BERNARDIN DE SAINT-PIERRE[5].

A la Citoyenne De Saint Pierre
a Essonnes.

Je t'envoie, ma bonne amie, plusieurs articles des emplettes que j'ai faites.

1. Même remarque.
2. Bernardin écrit : *cat pendu.*
3. Panier long et à claire-voie.
4. La fin du mot est difficile à lire ; serait-ce : *Daubenton*
5. De Paris ; — du 11 thermidor an IV, c'est-à-dire du 29 juillet 1796 (vendredi) ; — signée ; — porte une adresse ; — pas oblitérée ; — Aimé Martin l'a publiée d'une façon incomplète. — Cette

1° un chariot, avec son timon démonté, pour Virginie.

2° un rouleau de 7 aunes et demie de molleton à 6 l. l'aune 45 s. [1]

Ce rouleau renferme dix aunes de Nankin de Rouen à 45 s. l'aune [2], plus une robe de taffetas des Indes, en tout trois articles.

[3° [3] un carton portant pour suscription à Mr Breard à Corbeil. Il y a pour toi un fichu brodé de 26 l., un fichu de 5 l. pour Élisabeth, un fond de bonnet de 5 l. pour toi;] [4] si tu n'es pas contente de ces objets, tu me les renverras et on les échangera pour d'autres [5]. Il y a aussi de la toile en [6] échantillon. Si la qualité et le prix [7] te conviennent [8] tu me demanderas la quantité dont tu as besoin. Il y a dans ce même panier, un paquet de bas, un autre paquet de mouchoirs de poche, une poupée pour Virginie, une lampe d'étain, et du pain à cacheter dans un autre; en tout quatre

lettre porte le n° 27 dans la *Correspondance imprimée* et dans la collection Gélis-Didot.

1. Martin a omis : 45.

2. *A 45 s. l'aune* : omis par Aimé Martin.

3. Après : *5* il y a les mots : *un grand panier qui contient*, qui ont été rayés.

4. Ce passage a été interpolé par Aimé Martin, qui a supprimé beaucoup de mots et imprime seulement : *il y a en outre un fichu brodé pour toi, et un fichu pour Élisabeth.*

5. En marge de ce passage il y le mot : *bon* écrit au crayon.

6. Ce mot est raturé.

7. Martin supprime : *et le prix.*

8. Martin imprime : *convient.*

articles. J'y ai mis aussi des figures des Études [en deux liasses et un paquet d'impression de P. et V.[1] papier vélin][2], avec quelques livres tant brochés qu'en feuilles.

[4° deux tamis.

5° un balai de poil de sanglier].[3]

6° une caisse qui renferme[4] un chapeau pour toi et un pour moi. Si tu n'es pas contente du chapeau tu le renverras et la chapelière, la Cit. Petit-Jean, qui m'assure qu'il[5] est à la dernière mode, t'en renverra un autre. Aie soin de faire partir[6] la caisse par l'occasion la plus prochaine, car elle est au chapelier.

7°[7] un panier contenant six bouteilles d'eau-de-vie, six livres de cassonade, six pots de confitures, deux livres de chocolat, etc.

Je t'envoie la clef de ma chambre et de mon secrétaire où tu prendras douze louis que tu renfermeras bien enveloppés et empaillés dans la caisse du chapelier avec des pommes dont je voudrais faire quelques petits cadeaux; ces douze louis serviront à payer mes dettes, ayant employé[8] déjà près de vingt louis tant

1. *Paul et Virginie.*
2. Aimé Martin a supprimé ce passage.
3. Même remarque.
4. Martin imprime : *la seconde caisse renferme.*
5. Les mots : *qu'il,* sont raturés.
6. Martin imprime : *me renvoyer.*
7. Martin publie : *enfin*; ce mot n'est pas dans le texte.
8. Après : *employé,* il y a un mot rayé qui semble : *près.*

pour nos emplettes communes qu'à renouveler ma garde-robe, que je t'enverrai par la même occasion si on me livre mes habits aujourd'hui. Si tu veux acheter de la toile tu[1] prendras seize louis au lieu de douze. J'ai encore à acheter différentes choses et à payer des dettes.

N'oublie pas ma bonne amie, de faire arroser abondamment l'oranger et de le faire mettre sur le balcon au soleil[2]. Tu garderas mes clefs jusqu'à mon retour qui aura lieu lorsque j'aurai reçu l'argent dont j'ai besoin pour payer nos dettes.

[On vient de me remettre de la part de M^de Housset un paquet de Nankin; tous ces articles excepté le 1e, le 5e et le 6e et le 7e sont renfermés dans une caisse faute de panier.

Il y a de plus des instruments aratoires, savoir une pioche, une ratissoire, une fourche et une coignée. Fais mettre dans ma bibliothèque tout ce qui ne se trouvera pas à ton usage actuel].[3]

Donne six livres au jardinier Rigault, et recommande lui de planter des choux d'hiver dans tous les endroits du jardin où il y a de la place[4]; sans cette[5] précaution nous en manquerons cet hiver. Il en est

---

1. Ce mot est raturé.
2. En marge de ce passage Bernardin a écrit : *urgent*.
3. Passage supprimé par Aimé Martin.
4. Ce mot est raturé.
5. Même remarque.

de même du céleri; il y a urgence car notre jardin est tardif.

Adieu mon amie, je t'écris à la hâte. Tu trouveras plus d'articles que je ne t'en ai annoncés; mais je suis accablé de courses et de fatigues. On me donne de bonnes paroles, mais je leur préfère celles dont tu m'exprimes ton [1] amitié [2]. Je t'embrasse ainsi que nos chers enfants.

Ton bon mari. DE SAINT-PIERRE.

A Paris, ce 11 thermidor l'an 4e.

[Bien des amitiés à ta mère et ta tante, à ton cousin.] [3]

64. — DE BERNARDIN DE SAINT-PIERRE [4].

A la Citoyenne De Saint Pierre

en sa maison

à Essonnes.

Je suis inquiet de ta santé, mon amie. Nous voici au 18, il y a huit jours que je n'ai reçu de tes lettres. Tu ne m'as point mandé la réception d'une partie [5] de

1. Ce mot est raturé.
2. Aimé Martin publie : *le sers pour m'exprimer ton amitié.*
3. Passage supprimé par Aimé Martin.
4. De Paris; — du 18 thermidor an IV, c'est-à-dire du 5 août 1796 (vendredi); — signée; — porte une adresse; — oblitérée; — publiée par Aimé Martin presque entièrement. — Cette lettre porte le n° 28 dans la *Correspondance imprimée* et dans la collection Gélis-Didot.
5. Martin imprime : *de plusieurs.*

tes commissions et tu ne m'as point envoyé l'argent dont j'ai le plus pressant besoin pour en[1] acquitter une partie. Tu me mets dans un grand embarras. Peut-être l'argent est-il dans la caisse du chapelier[2], aux messageries. J'y passerai aujourd'hui [au hasard puisque tu ne m'as point donné de lettres d'avis.][3]

Si tu ne me tires pas d'inquiétude d'ici à demain je partirai le jour de la décade laissant plusieurs affaires imparfaites qui m'obligeront de revenir sur-le-champ.

Au reste, j'ai accepté les offres de ton frère St-Léger, et nous en[4] avons passé un acte que tu dois ratifier. J'ai eu pour but de terminer des affaires qui n'avaient point de fin, de rapprocher les esprits de la concorde en ôtant des sujets d'intérêt qui les divisaient, enfin d'avoir à ma disposition une quantité suffisante de papier pour faire l'édition de mon nouvel ouvrage et une belle édition de mes Études. Ce sera là la principale portion du patrimoine de nos enfants et si elle se débite nous la réaliserons en quelque partie de terre. En attendant il en résultera de l'aisance pour eux et pour nous. Je viens de choisir des libraires fidèles pour remettre mes Études en vente.

---

1. Le mot : *en*, oublié, a été écrit au-dessus de la ligne.
2. Martin n'imprime pas : *dans la caisse du chapelier.*
3. Martin supprime ce passage. En marge, il y a le mot : *bon*, écrit au crayon.
4. Le mot : *en*, oublié, a été écrit au-dessus de la ligne; Martin ne l'imprime pas.

Je t'en dirai davantage lorsque j'aurai le plaisir de t'embrasser. Adieu, ma chère amie, ne diffère pas un moment de [1] me tirer d'inquiétude.

A Paris, ce 18 thermidor l'an 4ᵉ. DE SAINT-PIERRE.

65. — DE BERNARDIN DE SAINT-PIERRE [2].

A la Citoyenne De Saint Pierre
chès La Citoyenne Didot mere
a Essonnes.

Il règne ici, ma tendre amie, une petite vérole fort dangereuse. Le petit Vander [3] vient de l'avoir, la nièce de Louison vient d'en mourir à 11 ans, ainsi qu'un père de famille de sa connaissance qui l'a prise de ses enfants qui en sont réchappés. Pour moi, je ne crains point de paraître dans l'autre monde avec

1. Martin publie : *à.*

2. Sans indication de lieu, mais de Paris; — du 13 thermidor an VI, c'est-à-dire du 31 juillet 1798 (mardi). — Les lettres que Bernardin écrivit à sa femme pendant les dernières années de son mariage furent très peu nombreuses, puisque, à moins que beaucoup d'entre elles n'aient été perdues, nous n'en connaissons que trois, écrites entre thermidor an IV (août 1796) et fructidor an VII (septembre 1799). Ces missives portent les dates suivantes : 13 thermidor an VI (31 juillet 1798), 15 fructidor an VI (1ᵉʳ septembre 1798), et 21 fructidor an VII (7 septembre 1799). (Félicité mourut le 27 frimaire an VIII, 18 décembre 1799). — La lettre ci-dessous est signée; — porte une adresse; — oblitérée; — publiée entièrement par Aimé Martin. — Cette lettre porte le nᵒ 29 dans la *Correspondance imprimée* et dans la collection Gélis-Didot.

3. Ou : *Vauder.*

la peau tavelée de points rouges comme ta robe de linon, mais je verrais avec bien de l'inquiétude nos chers enfants respirer un air si corrompu [1]. Rien ne t'oblige de revenir à Paris pendant les chaleurs [2]. Attends que les vents du nord aient rafraîchi l'atmosphère. J'irai te revoir aux vendanges, c'est-à-dire un mois plus tôt que je ne [3] me l'étais proposé.

Au reste je m'en rapporte entièrement à ta prudence maternelle ainsi qu'à celle de ta bonne maman. On ne voit dans le quartier de Montmartre que des enterrements de petits enfants emportés par cette cruelle maladie [4]. Embrasse pour moi tes tendres [5] nourrissons. Préserve, tant que tu le pourras, notre Virginie de toute nourriture animale, dont les sucs augmentent l'alcalescence et la putréfaction des humeurs. Les inoculateurs, tu le sais, préparent les enfants à l'inoculation par trois semaines de régime végétal. Tu peux lui donner de temps en temps un verre d'orgeat et en faire usage pour toi-même. Il est bon pour la poitrine puisqu'il est fait d'amandes douces, et il calme l'effervescence du sang encore mieux que la bière que tu bois [6].

1. Le mot : *corrompu* est écrit au-dessus d'un mot rayé : *désagréable*.
2. En marge de ce passage, il y a le mot : *bon*, écrit au crayon.
3. Le mot : *ne*, oublié, a été écrit au-dessus de la ligne.
4. Après : *maladie*, il y a plusieurs mots rayés, illisibles.
5. Ce mot est raturé.
6. Bernardin avait écrit d'abord : *dont tu fais usage*.

Je suis bien fâché d'avoir oublié les 2 rouleaux dont j'imagine que tu ne feras point d'usage. Mon rhume me fatigue toujours et ma mélancolie ne me quitte point. Je ne suis heureux que dans la solitude en pensant aux moyens de te rendre heureuse; mais il y en a peu en [1] mon pouvoir.

Je pense que tu auras tout le temps de chercher une bonne. Embrasse pour moi ta maman, ta cousine et nos [2] chers enfants [3].

Ton bon et sincère ami. DE SAINT-PIERRE.

Ce 13 thermidor l'an 6.

66. — DE FÉLICITÉ DIDOT [4].

Ta fille est fort mal, hors d'état d'être transportée à Paris; il est de toute nécessité que tu viennes; je suis désespérée de voir un enfant souffrir autant et n'avoir aucun remède à y apporter. La fièvre est très forte,

---

1. Le mot : *en*, est écrit au-dessus d'un mot rayé, illisible.
2. Ce mot est raturé.
3. Bernardin était alors père de deux enfants : d'une fille, Virginie, et d'un fils, Paul, qui portait le même prénom que son frère, mort à six mois, et qui était né le 5 avril 1798 (16 germinal an VI).
4. Probablement d'Essonnes; — datée du 26 thermidor, c'est-à-dire du 13 août; selon nous cette lettre est de l'an VI (1798) (voir en effet la lettre suivante, n° 67); — signée; — sans adresse; — pas oblitérée; — cette lettre se compose d'un premier feuillet auquel tient un second feuillet, déchiré. sur lequel on peut lire quelques mots : *lettre, deux*; il semble

la poitrine extrêmement embarrassée, une petite toux fréque [1]... et lorsque les crachats viennent ils sont mêlés de sang; tu ne peux être de sang-froid et moi être aussi cruellement tourmentée, je t'attends aussitôt ma lettre reçue, ta présence est absolument nécessaire, je n'y tiens plus.

F. DE SAINT-PIERRE.

Ce 26 [2] thermidor, à 10 heures du soir.

67. — DE BERNARDIN DE SAINT-PIERRE [3].

A la Citoyenne De Saint Pierre
chès la Citoyenne Didot mere,
a Essonnes.

[4] Les enfants abondent en acides, me disait l'autre jour un habile médecin. Il ne leur faut donc point de limonade pour les guérir d'un rhume comme à [5] nous.

que l'écriture couvrait cinq ou six lignes, sur cette page; — inédite. — Cette lettre se trouve à la Bibliothèque du Havre (dossier 201, p. 18).

1. La fin du mot disparait au bord du feuillet.

2. Le second chiffre est raturé; peut-être est-ce : 25.

3. Probablement de Paris; — du 15 fructidor an VI, c'est-à-dire du 1ᵉʳ septembre 1798 (samedi); — signée; — porte une adresse; — oblitérée; — publiée par Aimé Martin. — Cette lettre porte le n° 30 dans la *Correspondance imprimée* et dans la collection Gélis-Didot.

4. Martin imprime en tête de la lettre : *Ce 15 fructidor an 6*; ces mots ne sont pas à cette place sur le manuscrit.

5. Le mot : *à*, est écrit au-dessus d'un mot raturé, illisible.

Il ne leur faut point de vésicatoire, c'est les faire souffrir trop de bonne heure. Il faut purger Virginie [1].
Afin qu'elle ne s'en aperçoive pas, donne-lui dix à
douze grains de jalap, dans un lait de poule, elle les
prendra sans répugnance et s'en trouvera bien.

Tu peux l'essayer, ma bonne amie. Mais j'espère
encore plus la guérison de sa toux du temps et surtout du régime. Louison prétend que le lait de vache
donné le matin à jeun, *sans être passé* [2], tout chaud
et tout écumeux est souverain contre la toux des
enfants. Elle le défend le soir.

Je sais, par expérience, que les haricots blancs dans
lesquels on a fait cuire une gousse d'ail guérissent à
la longue les toux les plus opiniâtres. On peut en
faire manger fréquemment à notre Virginie. C'est
d'ailleurs un bon aliment [surtout à la maître
d'hôtel] [3].

Je ne doute pas que les fruits bien mûrs et surtout
les raisins, lorsqu'ils ne sont pas acides, ne soient
excellents pour la poitrine.

Essaie donc [4] une purgation et ce régime. Si elle a
des boutons c'est un bon signe, l'humeur se porte à
la peau. Il faut favoriser cette transpiration avec un
peu d'eau de bourrache, dont on peut couper son lait

1. Martin imprime : *et*; ce mot n'est pas dans le texte.
2. Ces mots sont soulignés sur le manuscrit.
3. Passage supprimé par Martin.
4. Après : *donc*, on lit les mots : *de la p.* qui ont été rayés.

dans la journée; lui donner le soir une cuillerée à café[1] de sirop de coquelicot.

On peut aussi la purger avec du sirop de fleur de pêcher qui est agréable.

Un peu de chocolat de temps en temps lui ferait du bien. Surtout point de froid ni d'humidité.

Mon rhume est guéri à peu près, grâce à Dieu[2]. Tu comptes donc, ma bonne amie, passer les vendanges à la campagne. Certes je t'irai voir; je sens que tu me manques souvent [surtout quand j'ai dîné en ville[3]]; tu me manqueras précisément le jour où l'on commencera à vendanger; car je voudrais en passant une neuvaine avec toi, me trouver ici le 1er vendémiaire [à cause de la fête[4]].

Puissé-je te retrouver en bonne santé et contribuer à t'y maintenir, pauvre petite mère de famille toujours occupée de tes enfants. Je t'embrasse de tout mon cœur. Tu ne me dis rien de notre Paul. Je ne saurais aller dans les promenades que je n'entende de tous côtés : Ne courez pas Virginie; Allons un peu plus vite Virginie; Attends, attends Virginie. Il me semble que la génération future sera ma famille, du moins pour les filles[5]. Les Pauls ne sont pas si communs.

---

1. Les mots : *à café*, oubliés, ont été écrits au-dessus de la ligne.
2. Après : *Dieu*, il y a trois mots rayés, parmi lesquels on lit : *et.*
3. Passage supprimé par Aimé Martin.
4. *Idem.*
5. Les mots : *du moins pour les filles*, oubliés, ont été écrits

Je pense que ton cœur maternel sera souvent ému de ces douces appellations. Louison m'a dit que tous ces noms de Virginie venaient d'une chanson qu'on avait chantée il y a quatre ans. Je ne lui ai rien répondu, sachant que nul n'est prophète dans son pays.

Ton ami, DE SAINT-PIERRE.

Ce 15 fructidor an 6. J'ai reçu ta lettre hier.
Embrasse ta mère et nos enfants.

68. — DE BERNARDIN DE SAINT-PIERRE [1].

A la Citoyenne Didot Mère
près la papeterie
à Essonnes.

Je ne peux parler, en aucune manière, des affaires de la succession à ma femme dont les vapeurs ne font qu'augmenter. Elle s'est mise dans la tête d'avoir la disposition de mon argent, ou une pension particulière ou de divorcer. Elle me laisse le choix : je lui

au-dessus de la ligne. Aimé Martin a imprimé : *du moins pour les filles, sera ma famille.*

1. De Paris ; — du 6 ventôse an VII, c'est-à-dire du 24 février 1799 (dimanche) ; — signée ; — pas oblitérée ; — *adressée, non pas à Félicité, comme toutes celles que nous avons publiées, mais à Mme Didot, mère de la femme de Bernardin ; nous l'imprimons ici, parce qu'elle est fort intéressante : il y est question du divorce ;* — publiée par nous dans la *Revue des Deux Mondes* avec le n° II. — Cette lettre n'est pas numérotée dans la collection Gélis-Didot.

ai représenté, qu'elle n'avait jamais manqué de rien avec moi; que lorsqu'elle me demandait 40 ou 50 ..... pour solder la cuisinière, je lui donnais 3 louis, ainsi de tous les comptes, sans lui demander ce qu'elle faisait du surplus; que je lui soldais ainsi toutes les dépenses dont elle était seule chargée; que je l'invitais depuis longtemps à acheter du linge dont elle se plaignait de manquer; à tout cela elle répond qu'il est humiliant pour elle de me demander de l'argent toutes les fois qu'elle en a besoin, et elle me donne l'alternative ou d'une pension qu'elle fera régler ou du divorce. Toutes ces altercations sont mêlées de larmes, qui font couler celles de Virginie. Heureusement ces scènes n'arrivent pas tous les jours, car je n'y tiendrais pas. Je la mène de temps en temps au spectacle pour la dissiper; elle se croit d'ailleurs poitrinaire décidée. Je désire bien que votre retour la ramène à de meilleurs sentiments; j'en serais inconsolable si je ne les attribuais à sa maladie. Plaignez votre fille et pour le moins autant

Votre fils DE SAINT-PIERRE.

Paris ce 6 ventôse an 7.

69. — DE BERNARDIN DE SAINT-PIERRE [1].

A la Citoyenne De Saint Pierre
chès La Citoyenne Didot Mere,
en sa maison près la papeterie
a Essonnes.

Je suis bien inquiet, ma bonne amie, de ne pas recevoir de tes nouvelles. Je comptais en aller chercher moi-même le 24 de ce mois, mais j'ai un rendez-vous pour les affaires de la succession. En partant le 25 il me faut être de retour ici le 27. J'aime mieux différer jusqu'au 28 afin de passer plusieurs jours de suite auprès de toi. Fais-moi donc en attendant un petit mot de réponse.

Embrasse pour moi ta bonne mère dont je partage bien toutes les sollicitudes. Je n'ai pas besoin de te recommander nos enfants. Notre Virginie est-elle bien obéissante? Je lui apporterai une poupée qui m'a été donnée pour elle. Je la lui remettrai si elle a été sage. Mais comment ne le serait-elle pas? elle sent qu'elle est maintenant pour toi une de tes plus chères consolations.

1. De Paris; — du 21 fructidor an VII, c'est-à-dire du 7 septembre 1799 (samedi), et non de l'an VIII, comme l'a imprimé Aimé Martin (ce qui ferait septembre 1800, or Félicité était morte en décembre 1799); — signée; — porte une adresse; — oblitérée; — pas entièrement publiée par Aimé Martin. — Cette lettre porte le n° 31 dans la *Correspondance imprimée* et dans la collection Gélis-Didot.

Henriette va s'occuper du soin de te préparer des haricots pour l'hiver.

[Les papiers ci-joints sont destinés pour l'agent de la commune d'Essonnes, auquel je te prie de les [1] faire remettre sur-le-champ. Si le Cit^en Robin pouvait s'en charger ou seulement les recommander, le succès en serait plus assuré, mais la maladie de son enfant lui donne assez d'embarras.] [2]

Ma chère amie, mets toute ta confiance en Dieu. Il est le grand médecin de la vie puisque c'est lui qui nous la donne. Il aura pitié des souffrances d'une aussi bonne mère que toi, si nécessaire à tes enfants que tu élèves avec tant de soin. Il aura pitié de moi, ma tendre compagne, la couronne de roses de mes cheveux gris. Il te conservera pour de meilleurs jours. Tout le monde ici prend part à ta santé. La bonne Henriette me prie de te présenter ses respects. Sois bien tranquille du côté de l'esprit. Le corps s'en [3] porte mieux quand l'âme est en repos. Je t'embrasse de tout mon cœur, ma chère et tendre amie; je suis pour toujours, ton tendre et fidèle mari,

DE SAINT-PIERRE.

A Paris, ce 21 fructidor an 7.

1. Après : *les*, le mot : *lui*, a été rayé.
2. Passage supprimé par Aimé Martin.
3. Martin imprime : *se*.

TABLE DES MATIÈRES

664-04. — Coulommiers. Imp. Paul BRODARD. — 10-04.